Hans G. Isenberg
Bootskauf – Aus Fehlern lernen

Hans G. Isenberg

Bootskauf

Aus Fehlern lernen

- Steuersparmodelle – Finanzamt ausgetrickst?
- Gebrauchte Yachten – Risiko oder Gewinn?
- Kaufverträge auf dem Prüfstand
- Vertrag annulliert – die Folgen

IMPRESSUM

Einbandgestaltung: Andreas Pflaum.

Titelbild: Hans G. Isenberg

Bildnachweis: Alle Abbildungen stammen aus dem Bildarchiv des Autors
oder von Peter Glaubitz, A-Baden.

Eine Haftung des Autors oder des Verlages und seiner Beauftragten für
Personen-, Sach- und Vermögensschäden ist ausgeschlossen.

ISBN 3-613-50284-4

Copyright © by Pietsch Verlag, Postfach 103743, 70032 Stuttgart
Ein Unternehmen der Paul Pietsch Verlage GmbH + Co

1. Auflage 1997

Lektorat: Oliver Schwarz
Innengestaltung: Stefanie Götz
Druck: Gulde-Druck, 72020 Tübingen
Bindung: J. Spinner, 77833 Ottersweier
Printed in Germany

Yachtkauf ist Vertrauenssache

D rücke nie die Hand eines Bootshändlers, es könnte Dein Verderben sein«, stöhnte ein alter Segelfreund nach seinem dritten Fehlkauf einer fabrikneuen Yacht.

Nehmen wir einmal an, Sie bestellen sich ein neues knallgelbes Mercedes-Cabriolet für Pfingsten und bekommen dann Ende November einen mausgrauen Kombi geliefert, der nur drei Räder hat und an allen vier Ecken rostet. Das gibt es nicht, werden Sie zu Recht argumentieren, dafür gibt es hieb- und stichfeste Kaufverträge und Gewährleistungsbestimmungen, die keine Seite ungestraft brechen darf.

Kein Autohändler kann sich derartige Sperenzchen erlauben. Die Bonitätskontrollen der Fahrzeughersteller decken die Schwächen ihrer Vertragshändler schonungslos auf. Wenn es sein muß, wird der Laden dichtgemacht. »Yachtkauf ist Vertrauenssache« – ein schöner Werbespruch. Tatsächlich sind die außergerichtlichen und aktenkundigen Auseinandersetzungen zwischen Bootshändlern und Käufern überproportional hoch. Dies beweist, daß selbst gestandene Kaufleute beim Bootskauf ihr persönliches Waterloo erleben können, denn hier lauern gefährliche Klippen, die nicht nur viel Geld kosten und ihnen, was letztlich viel schlimmer ist, Illusionen raubt. Davor möchten wir Sie bewahren. Schließlich gleicht kein Boot dem anderen. Trotz fortgeschrittener Serienfertigung sind bis heute alle Yachten handgefertigt. Ganz zwangsläufig steckt in jedem neuen oder gebrauchten Boot genügend Munition für zusätzliche Kosten und persönliche Anfeindungen, wenn die Meinungen auseinander driften.

Das Buch wurde anhand von persönlichen Erfahrungen mit bislang sieben eigenen Booten, einer 35jährigen Segelpraxis und einem Regal voller Gerichtsakten verfaßt. Der Spaß am Segeln ist dennoch geblieben.

Teil I – Neue Yachten

Der Fisch hängt an der Angel

Geschenkt bekommt man nirgendwo etwas, dennoch vergeht keine Bootsmesse, ohne daß ein neues, noch attraktiveres Finanzkonzept gutgläubige Yachtbesitzer zum »Anbeißen« verführen soll. In den folgenden Kapiteln werden Fallbeispiele gezeigt. Manche Finanzierungskonzepte sind seit Jahren erprobt und bewähren sich in der Praxis, andere sind schlicht unseriös und übervorteilen den Kunden. Wie geht es der Bootsbauer-Branche? Seit etwa fünf Jahren rumort es bei fast allen Yachtwerften im In- und Ausland. Auf vielen Werften steht eine halbe Jahresproduk-

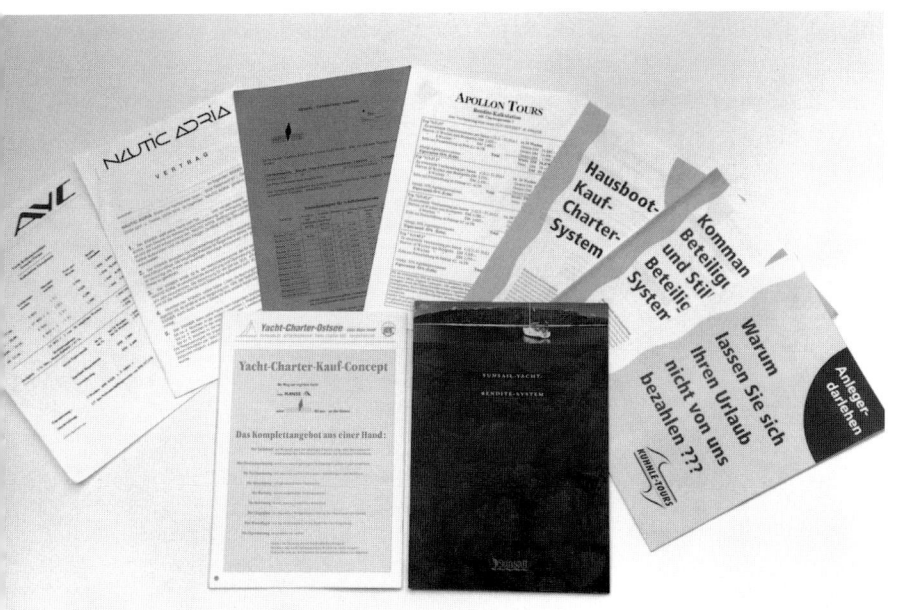

**Kosten senken oder Gewinne einfahren?
Verlockende Angebote für risikobereite
Käufer von neuen Yachten.**

tion unverkauft herum. Das Geld wird knapp, die Kapitaldecke schmilzt, und schließlich kommt oft das Aus. Zahlreiche mittelländische Werften gingen bankrott, und auch die weltbekannte französische Werft Jeanneau geriet Ende 1996 in schwerste finanzielle Turbulenzen. Jeanneau war viele Jahre lang die umsatzstärkste Werft für Yachten und Sportboote rund um den Erdball. Beneteau übernahm bald darauf den einstigen Konkurrenten und führt die Produktion weiter. Fusioniert und wegrationalisiert wird überall. Was bleibt, sind die Überkapazitäten der letzten Jahre.

Wohin mit den alten Ladenhütern? Nur mit neuen Kunden und neuen Yachttypen wird richtig verdient. Ähnlich wie in der Autoindustrie versucht man nun, über Sondermodelle oder Zusatzpakete die Kauflust zu wecken. Motto: günstiger Einstiegspreis als Köder. Ist die generelle Kaufentscheidung erst einmal gefallen, werden die fast endlosen Ausstattungslisten leichter geschluckt.

Bar bezahlen ist die Ausnahme, die günstigere Finanzierung ist entscheidend für den Kaufabschluß. Letztlich profitiert der preisbewußte Kunde von dem derzeitigen Überangebot neuer und auch gebrauchter Yachten, sofern er einen kühlen Kopf behält und sorgfältig vergleicht, denn die Preise sind im Keller.

Yachtcharter-Renditeprogramme

Die Phantasie mancher Unternehmer, anderen Leuten das Geld aus den Taschen zu ziehen, kennt keine Grenzen. Das in die Millionen zählende Volk der Segler bietet für Anlageberater jeglicher Couleur optimale Voraussetzungen, als da wären: Die Begeisterung für den Sport und die daraus resultierende Veranlagung, viel Geld fürs prestigeträchtige Hobby auszugeben. Ob versteuert oder nicht, Hauptsache der Sport wird bezahlbar. Am besten über die Steuer.

Fakt ist, daß die weltweit größten Charterboot-Gesellschaften allesamt mit meist fremdem Kapital wirtschaften. Die wahren Besitzer der millionenschweren Yachtflotte sind private Eigner, die Teile ihres Vermögens in eine Yacht anlegen und daraus eine, sofern alles gut geht, angemessene Rendite erzielen. Die zwei bekanntesten Charterboot-Gesellschaften nach diesem System sind seit über 20 Jahren im Geschäft und über Beteiligungssysteme mit meist angelsächsischen Investmentgesellschaften vernetzt. Renommierte Großbanken sind ins Geschäft involviert.

Marktführer ist die englische Gesellschaft Sunsail mit zahlreichen Landesvertretungen und über 700 Yachten im Bestand. Jahresumsatz etwa 65 Millionen DM. Als »Erfinder« des Charter-Renditesystems gilt die amerikanische Moorings-Gesellschaft mit derzeit etwa 600 Yachten. Der Bestand variiert bei allen Gesellschaften jedes Jahr durch wechselnde Auslastung und Austausch von gebrauchten Yachten. Sunsail und Moorings betreiben zudem großzügige Ferienanlagen und Sportcentren in über 19 Ländern. Beide Gesellschaften werden professionell verwaltet, und die Yachten sind nach eigenen langjährigen Erfahrungen in gutem bis sehr gutem Zustand.

Neben diesen beiden Großen gibt es noch zahlreiche Yacht-Charter Kaufsysteme von kleineren Anbietern, die bis hinunter zu nur einer Yacht, sich ein kleines Stück vom

Zu viele Charterboote warten auf Kundschaft.
Das größte Risiko trägt der private Anleger.
Bianca Yachts, Dänemark, mußte wie andere
bekannte Werften Konkurs anmelden.

großen Kuchen abschneiden wollen. In den folgenden Abschnitten wird gezeigt, wo die Risiken in jeder Form von Yacht-Investment liegen.

Das Geschäftsprinzip

Sie kaufen eine fabrikneue Yacht direkt über das Charter-Unternehmen oder auch privat über den Händler und geben dann die Yacht für meist drei bis sechs Jahre in die Vercharterung. Dafür erhalten Sie anteilige Chartereinnahmen. Die Ausgaben für den Betrieb und die Wartung der Yacht trägt, je nach Vertrag, das Charterunternehmen oder auch Sie selbst. Nach Ablauf des Vertrags zwischen Ihnen und dem Charterunternehmen erhalten Sie Ihre nun stark gebrauchte Yacht zur persönlichen Nutzung oder zum Weiterverkauf zurück.

Grundsätzliche Risiken des Vertrags

Ihr Vertragspartner kann, muß aber nicht, eine im Ausland eingetragene Firma sein. Daraus können sich bei rechtlichen Auseinandersetzungen kostenintensive und langwierige Streitereien ergeben. Lassen Sie sich vor jedem Investment dieser Art von Ihrem Steuerberater beraten. Die nachfolgenden Themen sollen zeigen, daß es in dieser Branche solvente Partner, aber auch Galgenstricke gibt, die einzig und allein in die eigene Kasse wirtschaften.

Kaufpreis der Yacht

In der Regel verpflichtet sich der zukünftige Eigner der Yacht, den Kauf über das Charterunternehmen abzuwickeln. Der Vorteil: Die Werft ist bestrebt, den Liefertermin für die Vercharterung pünktlich einzuhalten, denn die neuesten Yachttypen sind begehrte Charteryachten. Die Mängel halten sich in Grenzen, denn der zukünftige Vercharterer kennt die Schwachpunkte im System und des Modells. Das Charterunternehmen bekommt eine nicht unbeträchtliche Provision von der Werft durch den Kauf einer ganzen

Yachttypen-Palette. Das notwendige Zubehör wird nach den Vorstellungen des Charterunternehmens ausgewählt und verbindlich für den zukünftigen Eigner vorgeschrieben. Charteryachten sind sowohl in der Einrichtung, viele Kojen – wenig Stauraum, wie auch im Zubehör nur bedingt für die Weiternutzung als private Eigneryacht geeignet.

Das Charterunternehmen verdient über Provisionen an jedem Meter Leine mit. Daraus ergibt sich im Vergleich zur privat gekauften Yacht, die dann in den Chartereinsatz gegeben wird, ein Preisnachteil von fünf Prozent auf das Schiff und bis zu 15 Prozent fürs Zubehör. Im Wiederverkauf erzielt die eventuell überteuert eingekaufte Charteryacht dennoch einen geringeren Preis als die »Eignerversion«

Kauf ohne Mehrwertsteuer

Beim Kauf der Yacht über das Charterunternehmen ist die Mehrwertsteuer im Preis nicht enthalten. Viele Yachten werden in Mehrwertsteuer freien Revieren eingesetzt. Die beiden großen Anbieter stellen in ihren Vertragsbedingungen fest: »In Ländern mit Umsatzsteuerpflicht kann der gewerbliche Einsatz als Charteryacht die endgültige Bezahlung der Mehrwertsteuer bis zum Vertragsende verzögert und dadurch erheblich gemindert werden«. Was soviel bedeutet: Für die gebrauchte Charteryacht muß nach Rückgabe erst der entsprechend niedrigere Zeitwert mit der entsprechenden Mehrwertsteuer belastet werden.

Von der Sache her ist diese Aussage der Charterunternehmen und das Prozedere korrekt. Änderungen in der Steuerverordnung sind allerdings jederzeit möglich. Deshalb:

TIP
Machen Sie sich die Mühe und lesen Sie das Kleingedruckte im Vertrag.

Dort steht bei der Firma Nautic A. unter Punkt 11: »Im Falle von Gesetzesänderungen in dem Land, wo das Schiff stationiert ist, sowie bei Auftreten von Fällen höherer Gewalt übernimmt Nautic A. keinerlei Haftung.« Im Klartext: Wird die Yacht vom Zoll oder von den Finanzbehörden wegen des fehlenden Mehrwertsteuer-Nachweises oder andererer Steuerschulden an die Kette gelegt, haftet der Eigner, und nicht der Vercharterer für die Folgekosten. Der Vercharterer kann sogar die Ausfallkosten wegen entgangener Chartereinnahmen gegen den Eigner geltend machen.

Steuerliche Vorteile ausschöpfen

Daß der deutsche Staat mit die höchsten Einkommensteuern von seinen Bürgern abverlangt, ist kein

Grenadine Islands: Seglers Traumrevier. Abnutzung und Verschleiß sind in der Karibik intensiver als an der Ostsee.

Geheimnis. Die Steuerlast durch eine Stille- oder Kommandit-Beteiligung zu senken, bewegt wohl jeden Wassersportler mit dem Spitzensteuersatz von 53 Prozent. Über eine Beteiligung an gewerblich vermieteten Charteryachten ließ sich über hohe Verlustzuweisungen viel Geld sparen. Jetzt, Mitte 1997, während der Verhandlungen für die Steuerreform steht fest, daß die Spitzensteuersätze stark ge-

senkt werden sollen, und zudem die Rahmenbedingungen für Anleger sowohl in Immobilien wie auch in Schiffsbeteiligungen grundsätzlich schlechter werden. Das Thema Verlustzuweisungs-Gesellschaft ist den Finanzämtern ein Dorn im Auge, und darauf wird reagiert. In zahlreichen Prozessen wurden Charterboot-Beteilungsmodelle »auseinandergenommen«. Meist fehlte bei den gescheiterten Beteiligungsmodellen die sogenannte Gewinnerzielung, die nachgewiesen werden muß. Tatsächlich war die Kapitaldecke bei diesen Unternehmen so gering, daß ein wirtschaftlicher Aufschwung der Gesellschaft nie angestrebt wurde, noch möglich war. Andere Beteiligungsmodelle sind im Hausboot-Vermietungsgeschäft erfolgreich, und auch die Finanzämter waren bislang damit zufrieden.

TIP

Deutsche Leser warten am besten die Steuerreform ab, und besprechen alle Beteiligungsmodelle mit ihrem Steuerberater. Seriöse Anbieter weisen ausdrücklich in ihren Prospekten darauf hin, daß: »... die im vorliegenden Prospekt nebst Anlagen gemachten Aussagen auf der uns bekannten heutigen Rechtslage beruhen. Alle Informationen werden unter dem Vorbehalt von Änderungen gesetzlicher Vorschriften gegeben und sind ohne Gewähr. Wir übernehmen ausdrücklich keine Haftung für die Gewährung von Steuerrückerstattungen, Sonderabschreibungsmöglichkeiten, sowie Investitionszulagen.«

Bonität

Nicht jedes Yachtcharter-Unternehmen steht, finanziell gesehen, auf sicherem Grund. Zahlreiche bekannte Charterunternehmen gerieten in den letzten Jahren durch geänderte Steuervorschriften und die Einführung der Mehrwertsteuer (Griechenland, Dänemark etc.) in arge Bedrängnis. Die Konkurse häufen sich in letzter Zeit, denn in fast allen bekannten Charterrevieren an der Ostsee und am Mittelmeer gibt es ein Überangebot von fast identischen Charteryachten. Merke: Die Großen werden immer größer, die Kleinen kämpfen ums Überleben. Dies gilt besonders in der Ferne. Das Segler-Eldorado Karibische Inseln leidet seit einigen Jahren unter extrem gestiegenen Preisen. Mit knapper werdendem Geld liegen heute mindestens 20 Prozent der internationalen Charterbootflotte selbst in der Hochsaison um Weihnachten fest. Anfang der 90er Jahre waren sämtliche Charterboote von Mitte Dezember bis Ostern total ausgebucht. Allenthalben fehlt die zahlungskräftige Kundschaft.

Politisch motivierte Terroranschläge in den Ferienzentren der Türkei sorgten in den letzten Jahren im-

Der Wertverlust von Katamaranen ist im Charterbetrieb höher als bei Einrumpf-Yachten.

mer wieder für Ausfälle im Charterbetrieb, die durchaus 50 Prozent der gewohnten Umsätze betrafen. Inzwischen hat sich die politische Situation im ehemaligen Jugoslawien und in der Türkei stabilisiert. Die beträchtliche Geldanlage einer mindestens 250 000 Mark teuren Yacht bleibt in einer potentiellen Krisenregion ein finanzielles Risiko. Nur gegen hohe Prämien, wenn überhaupt, läßt sich versicherungstechnisch die Beschädigung oder der Verlust der Yacht bei kriegerischen Auseinandersetzungen absichern. Im ehemaligen Jugoslawien gingen über einhundert Charteryachten nach Beschuß oder Vandalismus auf Grund. Meist trugen die Eigner das Risiko.

Kontrolle über die tatsächlichen Buchungen?

Es ist kein Geheimnis, daß Ferienwohnungen im sonnigen Süden von Hausverwaltern oder Agenten weiter vermietet werden, ohne daß der Besitzer davon etwas erfährt. Ein glatter Betrug am Vermieter, meist ohne strafrechtliche Konsequenzen, denn viele Ferienwohnungen werden »schwarz« vermietet. Gleiches kann durchaus mit dem eigenen Boot passieren, das in die Vercharterung gegeben wurde. Ein Bekannter des Autors erfuhr über seine Boots-Kasko-Versicherung, daß ein Schaden über 3000 Mark von einer anderen privaten Yacht gemeldet wurde. Zu diesem Zeitpunkt befand sich die Yacht nach Rückfragen an die Charteragentur schon im Winterlager. Tatsächlich wurde die Yacht noch für drei Wochen verchartert, ohne daß mein Bekannter davon Bescheid wußte, geschweige denn eine Abrechnung darüber empfangen hatte.

Der Vercharterer wurde von meinem Bekannten, der Notar ist, zur Rede gestellt und bekam zu hören: »Was regen Sie sich auf, das ist ein Versehen der Buchhaltung.« Darüber jetzt noch mißtrauischer geworden, kontaktierte mein Bekannter den Hafenmeister in der Marinaverwaltung. Dort wurden die freien und besetzten Liegeplätze täglich für telefonische Anfragen und Reservierungen im Hafenterminplan festgehalten. Es stellte sich heraus, daß die angeblich so schwierig zu vermietende Yacht volle sieben Wochen häufiger auf Fahrt war, als vom Agenten angegeben. Mein Notar wollte sich die

entgangenen Einnahmen ausbezahlen lassen. Der Vermieter erklärte im kühl: »Da müssen Sie schon vor Gericht gehen. Die Beweisführung liegt bei Ihnen, nicht bei mir. Also vergessen Sie die Sache, der Hafenmeister hat sich geirrt.«

Was tun? Mein Notar verlegte seine 47-Fuß-Yacht noch am gleichen Tag in die nächste Marina und kündigte den Chartervertrag einseitig auf, der noch über zwei Jahre ging. Das Ende vom Lied war ein Trauerspiel vor Gericht, das einen Vergleich vorschlug. Schließlich wurde ein Jahr Vercharterung erlassen, und in diesem Jahr wurde die Yacht ganze vier Wochen vermietet. Auch bei diesem Yachtcharter-Kaufsystem wurde die Vermietdauer nur angenommen, nicht garantiert. »So läßt man renitente Eigner an der ausgestreckten Hand verhungern«, brüstete sich der Gauner noch bei der Übergabe der Yacht nach Ablauf der Vercharterung.

Eine Hand wäscht die andere

Die bekanntesten Großwerften sind meist über eigene oder Schwerpunkt-Händler im Charterboot-Betrieb engagiert, weil sich hier die größten Umsätze im Neu-boot-Geschäft erwirtschaften las-sen. Das Charterunternehmen schreibt die Mindestausrüstung der Yacht vor und verlangt zudem die vertraglich vereinbarte Bereit-stellung der Yacht zum Termin. Wenn der Liefertermin überzogen wird, können Sie haftbar gemacht werden, denn der Kunde hat ein Anrecht auf Ihre neue Yacht.

TIP

Seriöse Unternehmen versenden auf Anfrage den Jahresabschluß und neuesten Geschäftsbericht. Anfordern und vom eigenen Steuer-berater vor dem Vertragsabschluß prüfen lassen. Sichern Sie Ihre Yacht und Ihr Geld durch den Ein-trag ins Schiffsregister. Die Ge-bühren dafür müssen Sie immer aus eigener Kasse bezahlen. Adresse siehe Anhang.

Garantierte Charter-einnahmen?

Nur ganz wenige Unternehmen, Sunsail gehört dazu, garantieren eine Mindest-Vercharterung über, je nach Vertrag, 20 bis 25 Wochen, oder eine garantierte feste Einnah-me von z. B. 12 Prozent des Kauf-preises der Yacht pro Jahr über die volle Dauer des Vertrags. Dieser

wichtige Punkt wird von seriösen Unternehmen klar herausgestellt, andere helfen sich mit Werbe-sprüchen über die Runden, die heiße Luft sind. Zwei von unzähli-gen Werbesprüchen: »... Mit Nau-tic A. besitzen Sie eine Yacht, nicht aber die Sorgen« oder: »... Wir tragen das Risiko – Sie ge-nießen die Sicherheit.«
Klingt gut! Im Kleingedruckten steht dann: *voraussichtliche*, durchschnittliche Auslastung 23 Wochen. An der »kühlen« Ostsee rechnen solvente Unternehmen mit maximal 16 Wochen Vollbuchung ihrer Yachten. Wer mehr ver-spricht, wird die Zusage über fünf Jahre hin kaum einhalten können. Selbst die Preisgestaltung der Chartereinnahmen ist bei den meisten kleineren Unternehmen »wachsweich« formuliert. Ein Bei-spiel: »...Der Eigner akzeptiert die Charterbedingungen und Charter-preise der Firma A. als Geschäfts-grundlage. Die beigefügte Preisli-ste ist Gegenstand dieses Ver-trags. Firma A. ist berechtigt, die Preise der jeweiligen Marktlage anzupassen und *gegebenenfalls günstigere Preise zu gewähren.*«
Im Klartext: Sie tragen mit Ihrem Investment das volle finanzielle Risiko, weil weder eine Zeitdauer,

Nur wenige Chartergesellschaften garantieren feste Buchungseinnahmen über mehrere Jahre.

noch die sich daraus ergebenden Einnahmen garantiert werden.
Es geht auch anders, wie die Firma Sunsail beweist, die feste Einnahmen über die volle Vertragsdauer garantiert.

Wartungskosten – Bereitstellungskosten – Versicherungen

Nur wenige Unternehmen garantieren die volle Übernahme sämtlicher Nebenkosten wie: Laufende Kosten, Wartungskosten, Reparaturen, Slip- und Krankosten, Versicherungen, lokale Steuern und Abgaben. Die schönste Renditerechnung für Yachtcharter kann über die Nebenkosten in den Verlust führen, wenn das Charterunternehmen auf seiner hauseigenen Basis überhöhte Liegeplatzkosten, Wartungsarbeiten etc. dem Eigner in Rechnung stellt.

Ein Bekannter kaufte sich bei einem im Bodenseeraum ansässigen deutschen Yachthandels -und Charterunternehmen eine französische Aluminium-Yacht. Die Yacht erzielte in den ersten zwei Jahren erfreuliche Chartereinnahmen, entsprechend einer Verzinsung von 9,8 Prozent, bezogen auf den Neuwert. In den nächsten drei restlichen Vertragsjahren überstiegen die Nebenkosten die jährlichen Einnahmen, weil die Region, wo das Schiff stationiert war, Krisengebiet wurde. Mit der Endabrechnung bekam mein Bekannter eine extrem schlecht gepflegte Yacht zurück und mußte zudem noch sechs Monate auf sein Geld warten. Der Wertverlust betrug beim Weiterverkauf nach fünf Jahren Charterbetrieb 38 Prozent des Neuwerts. Ein mieses Geschäft, das mit jeder Menge Ärger verbunden war. Bei kleineren Yacht-Charterunternehmen in weniger attraktiven Regionen kann der Profit über überhöhte Liegeplatzkosten, Motor und Getriebe-Wartungsarbeiten, die gar nicht durchgeführt wurden, oder unnötige Reparaturen an Segeln und Rigg so hoch geschraubt werden, daß die Charterprovisionen klar darunter liegen. Fazit: Statt Einnahmen drohen dem Eigner der Yacht Verluste. Das Ziel des Vercharterers war die Auslastung seiner kleinen Marina und des Reparaturbetriebs mit neuen Yachten, nicht die eigentliche maximale Vercharterung.

Einsatzrevier der Yacht

Der Abnutzungsgrad ist je nach Revier unterschiedlich hoch. UV-Strahlung, hohe Motorlaufzeiten und strammer Seegang setzen jeder Yacht in der Karibik kräftig zu. An der Ostsee dürfte der Verschleiß 50 Prozent geringer sein. Bei Vertragsabschluß übergibt der Eigner seine Yacht, die natürlich maximal oft verchartert werden soll, in eine vorher auszuhandelnde Charterboot-Marina an der Ostsee. Bei Vertragsende wird die Yacht dort zurückgegeben. Zwischendurch kann die Yacht durchaus in der Karibik stationiert sein, denn in den Vertragsbestimmungen kann stehen: »Wir vereinbaren das Einsatzgebiet zu Beginn Ihres Vertrags, meist eine Basis im Mittelmeer. Dort wird sie auch wieder bei Vertragsende an Sie zurückgegeben. Die Yacht kann während der Vertragslaufzeit bei Bedarf auf Kosten von X an andere Einsatzorte verlegt werden.« Der Vercharterer reagiert kaufmännisch gesehen flexibler über die üblichen Schwankungen der bevorzugten Charterreviere und verschifft einen Teil seiner Yachten mit dem Frachtschiff von Europa in die Karibik. Wenn Sie nun Ihre eigene Yacht am Mittelmeer fahren möchten, kann dies an den Vertragsbedingungen scheitern.

Eigennutzung der Yacht im Charterbetrieb

Wenn Sie jahraus, jahrein auf Charteryachten rings um den Erdball unterwegs sein möchten, dann sind die Marktführer Sunsail und Moorings zuverlässige Vertragspartner. Sie unterhalten an allen populären Yachtzentren eigene Yachtbasen mit umfangreichen Servicestationen. Das kann auf den Karibischen Inseln, in Französisch Polynesien oder auch auf Neuseeland sein. Australien oder Tonga sind auch nicht zu verachten, wenn Ihnen die Türkei oder die Côte d'Azur zu langweilig sind. Die bekannten Unternehmen bieten über ein Punktesystem stark verbilligte Charterboot-Wochen in allen Flottenbasen an. Bei Sunsail, Moorings und anderen bekannten Unternehmen sind Sie nicht an Ihre eigene Charteryacht gebunden. Sie können endlich einen schnellen 45-Fuß-Katamaran im Vergleich zu einer 56 Fuß großen Einrumpfyacht gegeneinander segeln lassen. Selbst die Teilnahme an bekannten Regatten, wie die Antigua Sailing Week oder der King's Cup in Thailand ist auf Charteryachten heute möglich. Für Regatta-Freaks der große Renner. Kleinere Unternehmen können diesen attraktiven weltweiten Service nicht bieten und fesseln Sie an ein bestimmtes Revier.

Rückgabe der Yacht

Nach Vertragsende wird die Yacht an den Eigner zurückgegeben. Seriöse Unternehmen sind bemüht, die Gebrauchsspuren der etwa fünfjährigen Vercharterung so gering wie möglich zu halten. Die Firma Moorings verpflichtete sich vor einigen Jahren zu einem Neuanstrich von Rumpf und Deck, zudem wurde auch die Motorenanlage generalüberholt. Außerdem gab es neue Polsterbezüge, und auch bei der Segelgarderobe wurden die UV-Streifen vor Rückgabe erneuert. Moorings profitierte jahrelang durch starke Steuervorteile bei Yachtbeteiligungsunternehmen vermögender Eigner. Inzwischen ist dieser Steuervorteil für amerikanische Eigner geschrumpft, bzw. völlig abgeschafft worden. Mit neuer internationaler Kundschaft gingen die Garantieversprechungen und Serviceaufwendungen bei allen Charterunternehmen deutlich zurück. Garantiert wird nur noch die technisch einwandfreie Funktion aller Aggregate. Der Restwert Ihrer Yacht kann zufriedenstellend sein, im Extremfall tränen Ihnen die Augen, denn segeltechnisch unwissende Charterkunden gibt es genug. Die Inneneinrichtung leidet zweifelsfrei an der Überbelegung diverser Yachttypen. Acht Mann auf einer 11-Meter-Yacht, das ist für alle Beteiligten Unfug.

Kein Charter-Unternehmen verpflichtet sich nach unseren Recherchen für einen garantierten Ankauf der gebrauchten Yacht zu einem Festpreis, wie es bei seriösen Auto-Leasing-Verträgen üblich ist. Alle Charterunternehmen sind natürlich bestrebt, neue aktuelle Bootstypen in den Bestand zu nehmen. Dies drückt den Wiederverkaufspreis durch ein Überangebot ausgemusterter Charteryachten. Als dickes Ende müssen Sie jetzt noch die Mehrwertsteuer auf den Zeitwert bezahlen, sofern die Yacht in einem EU-Land stationiert werden soll. Geht Ihre Rechnung jetzt noch auf?

TIP

Wer sich für ein Yachtcharter-Rendite-System, gleich welcher Art, entscheidet, sollte die Bonität des Vertragspartners überprüfen lassen. Ohne eigenen Steuerberater sind die steuerlichen Renditeversprechungen in den Prospektangaben kaum zu beurteilen. Steuersparmodellen geht es schon jetzt, und bald noch viel stärker, an den Kragen. Bei Schiffsbeteiligungen ist geplant, daß die im Ausland eingefahrenen Gewinne im Heimatland zum vollem Steuersatz erhoben werden. Die Nach-Steuer-Renditen sinken dadurch spürbar. Die Abschreibemöglichkeiten bei Schiffsbeteiligungen sind in der Investitionsphase bereits mit dem Jahressteuergesetz 1997 gesenkt worden. In Deutschland wird die ausstehende Steuerreform noch kräftige Spuren im Charterboot-Renditegeschäft hinterlassen.

3

Organisierter Anlagebetrug mit Yachtbeteiligungen

D ie Deutsche Bundesbank stellt in ihrem Jahresbericht seit Jahren fest: Noch nie gab es so viele vermögende Erben wie heute. Trotz Massenarbeitslosigkeit und einer immer höheren Staatsverschuldung steigen die Vermögen der schon wohlhabenden Bürger kontinuierlich an, denn seit über 55 Jahren gab es keinen Krieg mehr in Mitteleuropa. Verfügbares Geld ist also vorhanden. Abzocken ist die Devise der Anlagebetrüger. Nachfolgend wird geschildert, wie professionelle Anlagebetrüger agieren

Adressen von Yachtinteressenten beschaffen

Wenn Sie eine Börsenfachzeitschrift abonnieren, können Sie ziemlich sicher sein, daß Sie bald darauf mit telefonischen Angeboten dubioser Finanzdienstleiter belästigt werden. Der Aktienclub XY will Ihren Wertpapierbestand kostenlos überprüfen und beurteilen. Der nächste Herr oder eine

charmante Dame verspricht Ihnen am Telefon die einmalige Möglichkeit, sich am neuen Casino von Curacao zu beteiligen. Beide haben oft nur ein Ziel vor Augen – Sie zu betrügen und Ihr gebunkertes Geld locker zu machen. Die Weitergabe von Abonnements-Adressen ist ein klarer Fall von Verstoß gegen den Datenschutz, der unzulässig ist und mit Geld- oder Haftstrafen geahndet wird. Aus wettbewerbsrechtlichen Gründen sind telefonische Finanzdienstleistungs-Angebote per Gesetz verboten. Seriöse Anbieter verzichten darauf. Die Adressen von Yachtinteressenten sind auch für Anlagebetrüger Gold wert. Bis zu 200 Mark werden für die wirklich guten Adressen bezahlt. Leichter Zugang zu den Adressenkarteien ist über folgende »Dienstleister« im Bootsbereich denkbar, müssen es aber nicht sein. Eine rein hypothetische Aufstellung – die Grauzone ist fließend. Auch Kleinvieh macht im Adressengeschäft Sinn. So hat

Was kümmert es den Affen auf dem Felsen von Gibraltar, wenn gutgläubige Anleger ihr Geld beim Yachtkauf verlieren?

wohl jeder Segler schon die Erfahrung gemacht, daß er von Hinz und Kunz Werbebroschüren und Wassersport-Kataloge zugeschickt bekam, die er nicht bestellt hat. Irgend jemand hat Ihre Adresse verkauft oder über Anzeigen weitergegeben. Dies könnten sein:

- Der Stegnachbar, Freunde und Bekannte,
- Yacht- und Boots-Zulassungs-Stellen,
- Anzeigenblätter für den Gebrauchtbootemarkt,
- Nationale Segelclubs und Verbände,
- Bootsmesse-Gesellschaften Kartenvorverkauf,
- Wassersport- und Yacht-Versicherungen,
- Charterboot-Agenturen und Yacht-Reiseveranstalter,
- Yacht-Ausrüster mit Versandabteilungen,
- Automobilclubs mit Wassersportabteilungen,
- Verlage für Wassersport-Fachzeitschriften und Bücher,
- Marinabetreiber, Yachtwerften und Bootsreparaturbetriebe,
- Segelmacher, Dienstleistungsunternehmen und viele andere.

Zugang zu Adressen von Yachteignern sind zum Beispiel über den einige tausend Mitglieder starken »Blauwasserclub« (Name geändert, d. A.) möglich. Die Clubmitglieder werden in der Vereinszeitschrift mit Angabe der Heimatstadt genannt. Der Betrüger wird die volle Adresse über die Postadressen-CD-Rom innerhalb weniger Sekunden ausgedruckt bekommen. Fast alle Vereinszeitschriften drucken die Anschriften der Mitglieder ab.

Anlagebetrüger arbeiten meist nach einem bestimmten Muster, das in den nachfolgenden Kapiteln beschrieben wird.

Der Yachtinteressent wird mit hohen Renditen geködert

Der erste telefonische Kontakt hat geklappt, jetzt wird das Interesse für eine finanzielle Beteiligung ausgelotet. Beispiel: »Interessieren Sie sich mehr für eine neue private Yacht oder für eine Investition im Charterboot-Sektor? Schließen Sie die Investition an einem Beteiligungsobjekt für eine baureife Hafenanlage mit angeschlossener Ferienhaussiedlung unter reinen Renditegesichtspunkten nicht aus? Wir versprechen Ihnen nicht den

Himmel auf Erden, aber mit einer Verdoppelung Ihres Kapitaleinsatzes binnen fünf Jahren werden Sie zufrieden sein.« Der Mann faselt am Telefon noch etwas von den abgestürzten Festgeld-Zinsen auf dem Kapitelmarkt und sendet am nächsten Tag den letzten Geschäftsbericht nebst den üblichen Hochglanzbroschüren zu. Sie sind begeistert, obwohl Papier geduldig ist und die Renditeberechnungen Luftschlösser sein könnten. Sie meinen: Endlich eine Geldanlage, die in idealer Weise das Hobby und das Geldverdienen gemeinsam verbindet.

Kleines Geschäft als Einstieg

Fast alle langfristig gesehen auf Betrug ausgerichteten Anlage-und Beteiligungsmodelle bieten als Einstieg für zukünftige größere Vorhaben ein kleines überschaubares Geschäft an. Der clevere Anlageberater verspricht: »Sie stellen uns 10 000 Mark für drei Monate in ein Yachtbeteiligungssystem zur Verfügung, wir verbürgen uns für 10% Rendite innerhalb von drei Monaten. Mit Schweizer Bankgarantie versteht sich.« Aller Erfahrung nach werden Sie nun gefragt: »Möchten Sie die Zinsen auf Ihr

Girokonto überwiesen haben, oder sollen wir das Geld auf ein ausländisches Konto überweisen?« Der Betrüger lotet geschickt aus, ob Sie mit schwarzem Geld agieren. Ist dies der Fall, droht garantiert ein Ende mit Schrecken, das bis zur massiven Erpressung reicht. Dennoch, in fast allen Fällen wurde das »kleine Geschäft« ordentlich abgewickelt, weil erst das große Geschäft lukrativ ist.

Das große Geschäft winkt – Zeitdruck obligatorisch

Ihr Geldberater meldet sich nach erfolgter Überweisung der Zinsen wieder. Diesmal soll es an Ihr eingemachtes Geld gehen: »Leider sieht das Projekt nur eine Beteiligungsmöglichkeit für maximal 50 Investoren vor. Das Kontingent ist fast ausgeschöpft, Sie müssen sich bis kommenden Sonntag abend entscheiden, sonst geht nichts mehr, dann ist der Topf voll.« Ihr sympathischer Geschäftspartner läßt die Suppe nicht anbrennen. Er muß handeln, denn nur ein spontaner Geschäftsabschluß »überholt« die Nachforschungen des Investors bei seiner Hausbank oder bei Fachzeitschriften und anderen neutralen Institutionen. Wer unter Zeitdruck ein Geschäft mit Yachten

oder anderen Beteiligungen abwickelt, sieht aller Voraussicht nach sein Geld nicht wieder.

Ihr Geld wird im Ausland angelegt

Beteiligungsgesellschaften, die für deutsche Hafenprojekte oder Charteryachten Beteiligungen anbieten, sind auf jeden Fall glaubwürdiger als ausländische Geschäftspartner. Ihr Steuerberater wird das Geschäft über die Industrie- und Handelskammer, die Schufa der Banken etc. prüfen. Ist der Geschäftssitz auf den Bahamas, in Liechtenstein oder gar in Panama, können Sie das investierte Kapital gleich abschreiben. Ein Prozeß mit einer in England, Gibraltar oder in Spanien beheimateten Gesellschaft kann wie das Hornberger Schießen ausgehen. Unter dem Strich gesehen verschlingen oft die Unkosten für die Prozeßführung Ihr eingesetztes Kapital.

Kassiert wird immer

Selbst unter der Voraussetzung, daß Ihr Geschäftspartner seriös arbeitet und Ihr Kapital im bestem Wissen angelegt hat, verbleibt das Restrisiko eines Verlustes. Nur über den freien Kapitalmarkt mit privaten Investoren erhalten diese

**Möchten Sie einen Schadenersatz-
Prozeß gegen eine maltesische
Charterboot-Gesellschaft führen?**

Geschäftsleute genügend Mittel
für die Realisierung ihrer Hafenan-
lagen und dergleichen. Die Banken
verlassen sich nicht auf die Ge-
winnrechnungen, die geschönt
sein können, und strecken heute
nur noch einen Bruchteil der
benötigten Gelder vor. Über die Ge-
bühren der Abwicklung oder die
Nachschießpflicht von zusätzlichen

HINWEIS

Das Bundeskriminalamt schätzt in seinem kürzlich veröffentlichten Forschungsprojekt »Europa und die innere Sicherheit« bis zum Jahr 2000 auf einen Anstieg der jährlichen Wirtschaftskriminalität von sieben bis acht Prozent der Gesamtkriminalität und eine Erhöhung des Schadens von 30 bis 35 Milliarden DM, was etwa die Hälfte des Gesamtschadens der ganzen Kriminalität bedeutet. Das weltweit boomende Internet zieht »fortschrittliche« Anlagebetrüger im besonderen Maße an. Es erlaubt den Austausch von Nachrichten jeder Art über elektronische Netzwerke, das E-Mail. Jeder Internet-Teilnehmer verfügt über eine eigene E-Mail-Adresse, wie die Postadresse, die es ermöglicht, elektronisch Mitteilungen in kürzester Zeit und zu niedrigsten Kosten weltweit und netzunabhängig zu versenden. Seriöse Angebote von Yachtmaklern werden zunehmend von unseriösen Geschäftemachern mit eindeutig betrügerischen Absichten konfrontiert. Der Trend ist nicht aufzuhalten, denn eine staatliche Kontrolle fehlt.

Einlagen kann die schönste Renditeberechnung in den Keller fallen. Am schlimmsten trifft es dann jene Anleger und Investoren, die sich mit geliehenem Geld am Geschäft beteiligt haben. Ihre Glaubwürdigkeit gegenüber der Hausbank geht auf Null zurück und zum Schaden kommt der beißende Spott Ihrer Segelfreunde dazu.

4

Anzahlung unterschlagen – So werden Neukunden abgezockt

In jeder Branche gibt es schwarze Schafe. Richtig unter die Haut gehen Betrügereien, die das persönliche Hobby, wie unseren Segelsport, betreffen. Da fühlt man sich doppelt betrogen. Einer der größten Betrüger des Yachtbaus war zweifellos der langjährige Werftbesitzer und Bootsbau-Fachexperte Manfred Kerner. Seine über die Grenzen Deutschlands hinaus bekannte emkayacht Handelsges.mbH in Bremen stellte zwischen 1975 und 1990 über 570 GFK-Segelyachten zwischen 28 und 43 Fuß Länge her. Der griffige Werbeslogan versprach: »Emka weiß, was Segler wollen.« 570 Yachten sind kein Pappenstiel. Da ist man jemand in der Branche. Mit diesen beachtlichen Stückzahlen war die Emka Werft in den besten Zeiten größer als viele bekannte mittelständische skandinavische Yachtwerften. Wenn die Geschäfte gut liefen, waren 40 Mitarbeiter bei Manfred Kerner beschäftigt.

Bevor wir uns mit den Tricks des Werftbesitzers Manfred Kerner und seiner Emka-Werft beschäftigen, sei angemerkt, daß dieser clevere Herr rechtskräftig zu drei Jahren Haft ohne Bewährung wegen Betrugs in fünf Fällen verurteilt wurde. Um Gerichtskosten zu sparen, konzentrierte sich die Verhandlung auf diese fünf relevanten Fälle. Natürlich war dies nur die Spitze des Eisbergs. Dazu gab es Unterschlagungen von privaten Yachten, die über seine Firma verkauft wurden, Steuerhinterziehung in Millionenhöhe und die verspätete Konkursanmeldung. Tragischer Höhepunkt dieser Affären war allerdings der Tod zweier Segler, die ihren voll bezahlten Emka-Motorsegler vor dem Konkursrichter überstürzt retten wollten und dabei den Tod fanden. Die reißende Strömung der Weser trieb das neue Schiff übers Wehr, dabei kamen Vater und Sohn ums Leben. Manfred Kerner tauchte vor Haftantritt unter, er soll heute für Werften der ehemaligen Warschauer Staaten wieder aktiv sein und für deutsche Werften Rümpfe fertigen, die dann in Deutschland komplettiert werden. Mehr davon auf Seite 60.

Manfred Kerner und Genossen arbeiten immer wieder nach dem gleichen Strickmuster, mit dem man erfolgreich gutgläubige Segler abzockt.

Phase 1: Der Kunde wird geködert

Ort der Handlung: die größten Bootsmessen Deutschlands in Düsseldorf, Hamburg oder Friedrichshafen. Der erfahrene Verkäufer, wie Manfred Kerner zweifelsfrei

einer war, drängt den potentiellen Kunden nicht zum Kauf einer neuen Emka-Yacht. Er zeigt ein fachliches Interesse für die ganz persönlichen Sorgen und Nöte des etwa 50 Jahre alten Seglers aus Ravensburg. Nach rund zwanzig Minuten Small Talk lotet der Bremer das Terrain genauer aus. Wo liegen die prinzipiellen Nachteile der bisherigen 30-Fuß-Yacht des Eigners? »Das Wetter am Bodensee wird auch immer schlechter, da hat ein Motorsegler doch seine Vorteile

Erst hochgelobt, dann pleite: Mißmanagement bei Sadler Yachten. Die Kundschaft wurde betrogen.

mit dem innenliegenden zweiten Steuerstand, wie bei unserer neuen 34er.« Volltreffer. Die etwas schüchtern aussehende, dafür aber im familiären Kreis um so resolutere Gattin sagt, was gesagt werden muß: »Die meiste Zeit sitzt man bei unserem Schiff im tiefen Keller, wenn's wieder einmal tagelang gießt, da wäre mir ein lichtes Steuerhaus im Obergeschoß allemal lieber.« Kerner ergänzt: »Mit Heizung versteht sich.« Segler, was willst Du mehr?

Der Fisch hatte angebissen. Der Preis der neuen Yacht erscheint äußerst attraktiv, das gebrauchte Boot wurde anstandslos in Zahlung genommen, und auch eine sehr umfangreiche Änderungsliste der Einbauten wurde ohne Murren bestätigt. Manfred Kerner schreibt beispielsweise an einem 12. März dem wohlgestimmten Seglerpaar: »Sehr geehrter Herr F. ...Ihren Entwurf (für die Änderungen, d. A.) haben wir dankend erhalten. Der Durchführbarkeit steht nach dem momentanen Stand nichts im Wege. ...Der Einfachheit halber haben wir die vorläufige Ausrüstungsliste handschriftlich ergänzt. ...Bei Lieferung im August in der von Ihnen gewünschten Ausführung müssen Sie bis zum 21. März zu einer Entscheidung gekommen sein, da die Vorplanungen mit unseren Ausbauern sehr exakt sind.«

Phase 2: Kaufvertrags-Abschluß mit dem Brecheisen

Der Werftbesitzer macht Dampf. Nur etwa eine Woche bleibt den Seglern für eine etwa 280 000 Mark teure Entscheidung. Das endgültige O.K. für die Änderungswünsche kommt bei Fax nach drei weiteren Tagen. Kerner faxt am 15. März : »Ihre Planung ist machbar! Mit heutiger Post erhalten Sie genaue Planungsunterlagen der Yacht.« Zehn Tage später wird der Kaufvertrag mit den zahlreichen Änderungswünschen als Nebenvertrag bei einem Werftbesuch in Bremen unterschrieben.

Es sind seitenlange Zubehör- und Änderungslisten. Jeder einigermaßen versierte Konstrukteur von Serienyachten wird zu derartig umfangreichen Änderungsvorschlägen nur resigniert feststellen: bei unserem Preis nicht machbar. Kerner ging es um etwas ganz anderes. Der Kaufvertrag und die 30% Anzahlung mußte wegen des Drucks der Banken ins Haus gebracht werden. Nach einer kaufmännisch soliden Kalkulation, die sogar einen um 25 Zentimeter längeren Kajütaufbau betraf, hätte dieser Vertrag nie unterzeichnet werden dürfen. Für die Verlängerung des Kajütaufbaus ist eine neue, extrem teure Negativform nötig. Zudem räumt der Emka-Werfbesitzer auf sämtliche Einbau-Instrumente und Zubehörteile 15 Prozent Rabatt auf die Katalogpreise der bekannten Ausrüster ein. Die Gewinnmarge ist dann gleich Null. Wo bleibt dann der notwendige Zusatzverdienst der Werft?

Phase 3: Die Yacht ist fertig – die Mängelliste meterlang

Jetzt legt der Werftbesitzer die Daumenschraube an. Der Kunde leistet pünktlich seine Anzahlung, dafür verzögert sich der Bau der Yacht. Letztlich steht das Boot vier Monate später als vereinbart zur Auslieferung bereit. Fast trifft den neuen Eigner der Schlag. Nahezu sämtliche Änderungswünsche wurden nicht berücksichtigt. Der Eigner nimmt das Boot nicht ab und schaltet nach Rücksprache mit einer Yachtzeitschrift einen Sachverständigen ein. Dieser stellt z. B. fest: Laminat am Spiegel statt zwölf Millimeter nur sieben Millimeter dick. Seitenbord-

höhe unterschiedlich hoch. Schottwand fluchtet nicht, Dieseltank leckt, falscher Großbaum von kleinerer 29 Fuß-Yacht, Segelgarderobe muß umgenäht werden etc., etc. Es entstand eine Liste von sage und schreibe 64 gravierenden Bau-und Ausrüstungsfehlern, die nicht durchgeführten Änderungswünsche, wie der um 25 cm verlängerte Kajütaufbau, nicht mitgerechnet.

Phase 4: Alles oder Nichts

Über einen Rechtsanwalt fordert der schockierte Kunde umgehende Aufklärung über die Art und Weise, wie die Emka-Werft die Mängel beheben würde. Es vergehen 14 Tage, verlorene Zeit voller Ungewißheit für die genervten Kunden. Kerner verlegt schon wieder die Zentrale seiner Firma in eine andere Stadt mit neuer Adresse und damit neuem zuständigen Amtsgericht. Diesmal ist es Osterholz-Scharmbeck. Dort sollen die Mühlen des Gesetzes relativ langsam mahlen. Wie dem auch sei, Kerner antwortet mit einem kurzen Statement.
Er gibt sich ganz pragmatisch und schreibt dem Kunden. »...nach Abwägung aller strittigen Fragen halte ich es für zweckmäßig und wirtschaftlich richtig, wenn Sie die

Yacht dennoch behalten.« Dieses Schreiben war kein Einzelfall, wie später der Prozeß gegen die Werft zeigte. Das dicke Ei ließ nicht lange auf sich warten. Der nicht uncharmante Werftbesitzer witterte den Braten für ein noch besseres Geschäft. Er wandelte mit dem Einverständnis des Kunden den bestehenden Vertrag über den »halbfertigen« 34-Fuß-Motorsegler in einen neuen Vertrag für einen neu konstruierten 37 Fuß langen Motorsegler um. Mit erheblichem Aufpreis, versteht sich. Was sagt man da dazu? Im Nachhinein ist natürlich jeder klüger, aber etwas unverständlich erscheint diese »Gier« nach einem neuen Motorsegler doch, meint der Autor.

Das Ravensburger Ehepaar unterzeichnet diesen neuen Vertrag tatsächlich, wenn auch mit einem flauen Gefühl im Magen! Sie verlangen eine Bankbürgschaft über die geleisteten Anzahlungen. Dies wird von einer norddeutschen Bank auch gewährt, obwohl die Emka-Werft zu diesem Zeitpunkt schon mehrfach zahlungsunfähig geworden war und zudem durch eine schwache Kapitalausstattung bei Zulieferern massiv in der Kreide stand. Die schwäbischen Segler fühlen sich dennoch wieder auf der sicheren Seite, denn Werftbesitzer Kerner versprach Besserung in jeder Hinsicht. Er soll argumentiert haben: »Wir hatten zeitweise einen nicht ganz kompetenten Herstellungsleiter beschäftigt, der wurde entlassen, jetzt überwache ich jede Yacht persönlich. Die finanziellen Engpässe entstanden durch Regreßansprüche, die ich bei Zulieferern wegen Mängel hatte.« Wie vor dem Landgericht in Hamburg bewiesen wurde, lagen die Dinge um 180 Grad verdreht: Kerner's Schulden bei den Zulieferern waren legendär.

Phase 5: Der Schiffbruch auf dem Trockenen

Der Werftbesitzer meldet wieder einmal Konkurs an und eröffnet einen neuen Firmensitz mit altem Namen an neuer Stätte. Das Spiel fängt von vorne an. Wohl gehört der Gerichtsvollzieher im neuen Betrieb fast schon zur Belegschaft, aber zu holen ist dort fast nichts. Endgültig in die Enge getrieben verhökert Kerner die ihm anvertrauten Kundenschiffe weiter und verweigert die Zahlungen an die geprellten Eigner. Ein glatter Betrug. Anzahlungen über neue Schiffe gehen beim Kunden R. zu 100% verlustig, weil der Zulieferer

Bukh Dieselmotoren Altforderungen anmeldet. Der Fall wird vor dem Landgericht Hamburg verhandelt , Kunde R. ist 60 000 Mark los. Kunde Ra. verliert 70 000 Mark Anzahlung, weil die Werft unter neuem Namen und Firmensitz agiert. Eine Seglerin aus Celle setzt 75 000 Mark in den Sand. Werft-Boß Kerner hat das gebrauchte Schiff unter der Hand verkauft und die Zahlung »vergessen«. Wie schon gesagt, es ist nur die Spitze des Eisbergs. Viele Kunden sahen keine Möglichkeit, ihr angezahltes Geld wieder zurück zu bekommen und erstatteten keine Anzeige. Unser Ravensburger Ehepaar bekam ihre mit der Bankbürgschaft abgesicherte Anzahlung übrigens zurück, weil die Werft nicht mehr in der Lage war, das in Auftrag gegebene Schiff zu bauen. Die Bank zahlte die einbezahlte Summe nach einem Telefonat anstandslos zurück.

Die Kosten für die mehrfachen Fahrten und Flüge nach Bremen, umfangreiche Rechtsanwaltgebühren, Gerichtskosten, Sachverständigenkosten usw. gingen jedoch voll zu Lasten der beiden Segler.

Der Autor möchte seinen Lesern nicht den Spaß am Segelsport verderben und keinesfalls vom Kauf einer neuen oder gebrauchten Yacht abhalten. Leider ist es aber eine Tatsache, daß die Machenschaften klammer Unternehmer meistens ohne viel Aufhebens vor Amts- und Landgerichten verhandelt werden. Die Öffentlichkeit erfährt davon nichts.

Emka-Chef Kerner verläßt nach dem endgültigen Zusammenbruch seiner Firma überstürzt das Land und läßt seine Kunden im Regen stehen. Seine rechtskräftige Verurteilung, wie oben geschildert, ändert nichts für die geprellten Kunden. Sie sind Geld und Illusionen los.

T I P

Mit Speck fängt man Mäuse. Aufs Seglerische übertragen fängt man gutgläubige Kunden mit Zusagen, die man kaufmännisch gesehen nie einhalten kann und auch mit Einschränkungen nicht erfüllen will. Sichern Sie Ihre Anzahlungen prinzipiell durch eine Bankbürgschaft ab. Das Prozedere wird auf Seite 43 geschildert. Sonst ist das Geld weg, denn das Risiko eines Firmenzusammenbruchs ist heute höher als jemals zuvor. Der Pleitenrekord in Deutschland und Europa kann jederzeit auch die renommiertesten Werften treffen.

5

Kaufvertrag unter der Lupe – So wahren Sie Ihre Rechte

Das vorangegangene Kapitel hat Ihnen gezeigt, daß ein Kaufvertrag ohne sorgfältige Prüfung zu Hause nicht unterschrieben werden soll. Bestehen Sie grundsätzlich auf einer Bedenkzeit von mindestens drei Tagen. Nehmen Sie den vom Werftvertreter unterschriebenen Vertrag vor Ihrer Unterzeichnung mit nach Hause, damit Sie z. B. mit Ihrer Bank wegen eines Überbrückungskredits oder wegen einer Bankbürgschaft oder auch den für beide Seiten sichersten Geldtransfer sprechen können. Läßt Ihnen der Verkäufer nicht diese Prüfungsfrist, sollten Sie vom Kauf Abstand nehmen. Ein seriöser Werftvertreter begrüßt diese Prüfungsfrist auf jeden Fall. Er hat nichts zu verschweigen und kann für seine Werft geradestehen.

TIP

Drei ganz wichtige Vereinbarungen sollten in jedem Kaufvertrag enthalten sein:
1. Verbindlicher Liefertermin,
2. Annahmefrist des Händlers,
3. Ausschluß der Preisänderungsklausel.

Der *verbindliche Liefertermin* bindet den Händler an den Vertrag. Die Lieferfrist von sechs Monaten beginnt erst bei Annahme des Vertrags durch den Händler. Es könnte durchaus die Situation entstehen, daß der Händler erst vier Wochen nach Erhalt Ihrer Unterschrift den Vertrag annimmt. In diesem Fall müssen Sie, rechtlich korrekt, mindestens sieben Monate auf Ihr Boot warten. Legen Sie deshalb mit dem Werftvertreter die *korrekte Annahmefrist* fest. Bei Yachtkäufen muß die Werft über den Vertrag informiert werden, und deshalb ist ein verbindlicher Liefer- und Annahmetermin wichtiger Bestandteil des Kaufvertrags. Vermeiden Sie alle wachsweichen Terminabsprachen, wie »gegen Ostern«. Sie beschneiden sich selbst Ihre Rechte, sofern Sie als Liefertermin »schnellstens« oder auch »baldigst« akzeptieren. Wenn Sie Pech haben, warten Sie, rechtlich einwandfrei, bis zum Ende der Segelsaison auf Ihr neues Boot, während nachfolgende Käufer ihr Boot rechtzeitig bekommen. Zum besseren Verständnis über die bevorzugte Belieferung schreibt ein Rechtsanwalt im Auftrag eines französischen Importeurs folgende Zeilen an den gegnerischen Rechtsanwalt: »...der Geschäftsführer der Klägerin glaubt sich daran erinnern zu können, daß es noch nie Probleme mit der Lieferung von Booten gegeben hat, wobei natürlich saisonbedingte Verzögerungen immer ausgenommen sind und *Charterbetriebe vorrangig beliefert werden.*« Eine geradezu wachsweiche Formulierung zu fest fixierten Kauf- und Lieferverträgen, meint der Autor. Die *Preisänderungsklausel* ist ein weiterer ganz fauler Trick. So werden vorhersehbare Preiserhöhungen an Sie weiter gegeben. Streichen Sie diese Änderungsklausel aus dem Vertrag, und lassen Sie dies gegenzeichnen. Der Kaufpreis Ihrer Yacht muß rechtsverbindlich für beide Seiten festgehalten werden. Seriöse Yachthändler stehen auch im Vertrag zu ihrem Wort und akzeptieren nach Rücksprache mit der Werft den verbindlichen Festpreis ohne Preisänderungsklausel.

Nach einer nachträglichen, durch nichts gerechtfertigten Preiserhöhung von DM 7785.- auf den Kaufvertrag schrieb der Rechtsanwalt eines italienischen Importeurs an den verdutzten deutschen Käufer der Yacht: »... im Zuge zahlreicher Qualitätsverbesserungen ist die Werft dem Kunden entgegengekommen, denn tatsächlich beträgt die Wertsteigerung über 10 000 Mark.« Hier wurde der Kunde wieder einmal mit dem »Kleingedruckten« über den Tisch gezogen, meint der Autor. Im Kleingedruckten des Kaufvertrags bindet sich die italienische Werft nur für vier Monate an die vereinbarten Preise. Der Auslieferungstermin war sieben Monate nach Vertragsabschluß.

Handschriftliche Kaufverträge gehören maschinengeschrieben und von beiden Seiten bestätigt. Hier ein Auszug aus einem Gerichtsprotokoll. Der Anwalt des Bootshändlers schreibt: »...Richtig ist es, daß es dann in dem Büro der Klägerin zu konkreten Vertragsverhandlungen kam und ein handschriftlicher Vertrag vom Geschäftsführer der Klägerin erstellt wurde. Ob dieser Vertrag von beiden Parteien unterschrieben worden ist, läßt sich nicht mehr nachvollziehen. In jedem Fall kam es nicht zu einer endgültigen Eini-

Auszug aus einem handschriftlichen Kaufvertrag einer Yacht über DM 259 802.- plus Nebenkosten.

gung...« Tatsächlich hatte der Bootshändler nach Rücksprache mit der Werft über den ausgehandelten Rabatt »weiche Beine bekommen« und flugs den von beiden Seiten unterzeichneten Vertrag zerrissen. Was lernt man daraus?

TIP

Erst eine maschinengeschriebene Auftrags- und Kaufbestätigung sollte unterschrieben werden. Ein handschriftlich abgefaßter Vertrag über eine Yacht im Wert von fast 350 000 Mark ist dennoch vor Gericht rechtlich bindend.

Bei Yachten ist der Liefertermin meist länger als vier Monate. Wenn Sie die Preisänderungsklausel akzeptiert haben, müssen Sie nach den vier Monaten Lieferfrist eine Erhöhung akzeptieren. Es wird leider zu oft übersehen: Preisänderungsklauseln stehen meist im Kleingedruckten des Vertrags! Grundsätzlich müssen Sie alle Änderungen im Vertrag per Einschreiben mit Rückschein an Ihren Vertragspartner senden. Mündliche Nebenabsprachen und auch Briefe per Fax werden bei Kaufverträgen vor Gericht nicht anerkannt. Den Einschreiben-Rückschein bekommen Sie bei der Post.

38

6

Sicherung der Anzahlungen

ootskauf gescheitert und Anzahlung weg? Diesen Horror erleben jedes Jahr auch gestandene See- und Kaufleute. Einer der bekanntesten deutschen Weltumsegler wurde vergangenen Herbst mit nicht gedeckten Schecks beim Verkauf seiner Yacht betrogen. Der Betrüger konnte letztlich geschnappt werden, aber der Frust bleibt, denn der Gegner war ein Segler wie Du und ich. So werden Illusionen zerstört. Ohne Vertrauen gegenüber zukünftigen Geschäftspartnern bleibt immer die Angst vor Betrügereien. Zu viele Werften und Bootshändler wurden in den letzten Jahren Opfer der Rezession, nicht zuletzt auch, weil die Kundschaft ihren finanziellen Spielraum falsch eingeschätzt hat. Für beide Seiten Werft/Bootshändler und Käufer hat der Gesetzgeber gewisse Spielregeln, die für klare Verhältnisse sorgen.

Bootskauf mit Abzahlung

Viele kleinere Yachten werden heute zu günstigen Konditionen, fast wie beim Autokauf, über regelmäßige Abzahlungen finanziert. Besonders attraktiv sind Abzahlungskäufe bei den großen Sportboot-Werften wie Dehler oder Bavaria, die über Beteiligungen von Großbanken selbst zinsgünstige Kredite eingeräumt bekommen und diese teilweise an die Kundschaft weiterreichen.

Grundsätzlich besteht nach dem Verbrauchergesetz bei bestimmten Gründen ein Widerrufrecht *innerhalb einer Woche* nach Vertragsabschluß, sofern Sie einen *privaten Ratenkauf* unterschrieben haben. Sollte sich bei Ihnen innerhalb dieser Wochenfrist »Kaufreue« einstellen, müssen Sie per Einschreibebrief mit Rückschein den Widerruf absenden. Musterbrief siehe unten. Der Poststempel wird als korrekter Termin anerkannt! In diesem Widerrufbrief sollten Sie auf das Verbraucherkreditgesetz Bezug nehmen, das die Wochenfrist beinhaltet. Voraussetzung für dieses Schreiben: Das Boot oder die Ware befindet sich noch beim Händler.

Musterbrief: Widerruf eines privaten Ratenkaufs

Albert Einstein
Ruhe Sanft Str.1
10000 Im Himmel

Im Himmel, den ...

Einschreiben per Rückschein

Firma
(Name des Händlers)
(Anschrift des Händlers)
(Postleitzahl und Ort des Händlers)

WIDERRUF

Sehr geehrter Herr ...,

mit diesem Schreiben widerrufe ich den am ... (Tag des Vertrags) in Ihrem Bootshandelsgeschäft in ... (Stadt, in der der Vertrag abgeschlossen wurde) geschlossenen Vertrag.

Ich mache damit von meinem Recht nach dem Verbraucherkredit-Gesetz Gebrauch. Widerrufrecht eines Ratenvertrags innerhalb einer Woche.

Mit freundlichen Grüßen

(Unterschrift)
Albert Einstein

Musterbrief wegen fehlender Widerrufsbelehrung. Frist eine Woche

Albert Einstein
Ruhe Sanft Str. 1
10000 Im Himmel

Im Himmel, den ...

Einschreiben per Rückschein

Firma
(Name des Bootshändlers)
(Anschrift des Bootshändlers
(Postleitzahl und Ort)

WIDERRUF des Kaufvertrags vom ... (Datum des Vertrags)

Sehr geehrter Herr ...,

mit diesem Schreiben widerrufe ich den mit Ihrer Firma am ... (Datum des Vertrags) in ... (Ort des Vertragsabschlusses) abgeschlossenen Vertrag über eine Segelyacht vom Typ ... (z. B. Nasse Kiste).

Die Widerrufsbelehrung entspricht in keiner Weise den gesetzlichen Anforderungen und Bestimmungen.

Überweisen Sie die bereits beglichene Anzahlung über DM ... innerhalb von 14 Tagen an mich zurück auf mein Girokonto..., Bankverbindung ...

Sollte bis zu diesem Termin keine Rückzahlung von Ihrer Firma geleistet werden, beantrage ich ohne weitere Mahnung beim Amtsgericht einen Mahnbescheid mit Verzugszinsenberechnung.

Mit freundlichen Grüßen

Unterschrift
(Albert Einstein)

Weiter muß bei jedem Ratenkauf eine schriftliche *Widerrufsbelehrung* vorliegen. Sofern dieses Formular vom Händler vergessen wurde, ist der Ratenkauf-Vertrag ungültig. Sie können die Werft mit dem bekannten Einschreibebrief plus Rückschein darauf verweisen und zur Annullierung des Vertrags zwingen, auch wenn Sie bereits eine Anzahlung auf das Boot geleistet haben. Voraussetzung ist wieder die Wochenfrist. Musterbrief siehe unten. Die schriftliche Widerrufbelehrung muß von Ihnen unterschrieben werden.

Wird dies versäumt, oder ist das Datum der Widerrufbelehrung etwa vordatiert, begeht Ihr Geschäftspartner Betrug und Urkundenfälschung.

Mit diesem Sachverhalt werden Sie jeden Händler zur Annullierung des Vertrags bringen, (Einschreibebrief mit Rückschein, siehe oben). Wenn's klemmt, hilft die Staatsanwaltschaft oder auch Ihre Polizeistation weiter. Es versteht sich von selbst, daß Sie die Beweismittel im Original vorlegen müssen, z. B. Kaufvertrag, Ratenplan, Widerrufformular falsch datiert. Merke: Auch Familienangehörige werden als Zeuge vor Gericht akzeptiert.

30 Prozent Anzahlung, Rest bei Übernahme?

Die Werft braucht Kapital zum Materialeinkauf und für die Bezahlung der Löhne. Deshalb sind Anzahlungen zwischen 10 % und 20 % bei Vertragsabschluß und Lieferbestätigung durch den Händler durchaus üblich, siehe auch Kapitel 23. Nachdem in den letzten Jahren viele Werftbetriebe im In- und Ausland Konkurs anmelden mußten, gilt es, die Anzahlungen korrekt zu sichern. Für beide Seiten wohlgemerkt.

Dazu ist ein Bank-Akkreditiv nötig. Ihre Hausbank überweist den Anzahlungsbetrag an die in- oder ausländische Korrespondenzbank der Werft. Die Werft kommt an dieses Geld erst heran, wenn Sie als Auftraggeber ihr schriftliches Einverständnis dazu geben. In der Zwischenzeit bekommt die Werft Kredit über den verbürgten Betrag eingeräumt. Das Akkreditiv ist also bares Geld wert für Ihren Geschäftspartner. Alle großen Firmen arbeiten mit ausländischen Firmen über Akkreditive. Der Autor hat persönlich gute Erfahrungen beim Kauf einer amerikanischen/taiwanesischen Yacht mit diversen Akkreditivs gemacht.

Einigen Sie sich beim Kaufvertrag über den Wert der Währung, in der Sie bezahlen möchten, z. B. 150 000 Dollar zu 1,70 DM je Dollar. Diese sogenannten Dollar- oder Währungs-Sicherungsgeschäfte sind üblich. Ihre Bank wird Sie beraten. Die Wertstellung – in unserem Beispiel 150 000 Dollar – kann für Sie bares Geld oder auch einen nicht unerheblichen Verlust bedeuten, wenn der Dollar während der Fertigstellung ihrer Yacht weiter steigt oder auch fällt. Sie müssen 150 000 Dollar auf den Tisch legen. Nicht mehr und nicht weniger. Der aktuelle Kurs zur DM interessiert nicht, denn die Werft bezahlt das Material und die Löhne mit Dollars.

Bei großen Yachten muß Zug um Zug bezahlt werden. Hier ein typisches Beispiel für die Zahlungsmodalitäten einer ausländischen Werft, die in Deutschland über einen Vertreter Bootsverkäufe abwickelt. Bei Abschluß des Kaufvertrags 10% vom Neuwert, bei Fertigstellung von Rumpf und Motoreinbau sind etwa 50 Prozent fällig, 30 weitere Prozent bei Verschiffung oder Auslieferung im Hafen Ihrer Wahl. Die restlichen 10 Prozent verbleiben als »Faustpfand« zur eventuellen Mängelbeseitung.

T I P
Regeln Sie den Auszahlungsmodus per Akkreditiv vor der endgültigen Vertragsunterzeichnung.

Nachfolgend ist in Auszügen das Originalschreiben einer bekannten Bank in Norddeutschland wiedergegeben. Es geht um den Kauf einer 450 000 Mark teuren neuen Yacht, die von einem deutschen Käufer bei einer dänischen Werft in Auftrag gegeben wurde.

Abwicklung der Zahlungen zwischen Käufer und Verkäufer über ein Gemeinschaftskonto bei der Bank

Die Bank schreibt an den Käufer:
»... Wir nehmen Bezug auf das mit Ihnen am ... geführte Telefonat und möchten Ihnen zum besseren Verständnis noch einmal die Abwicklung schriftlich darstellen.

Gemäß Kaufvertragsmodus werden die Abschlagszahlungen auf ein Gemeinschaftskonto, lautend auf den Namen des Käufers und Ihrer Firma, gezahlt. Über dieses Konto kann gemeinschaftlich verfügt werden, das heißt, bei ordnungsgemäßer Übergabe eines

Schiffes müßten Käufer und Verkäufer einen Überweisungsbeleg unterschreiben. Die Unterschriften auf diesem Überweisungsbeleg könnten wir anhand der Kontoeröffnung kontrollieren. Die Legitimationsprüfung des Käufers wird per Einschreiben gegen Rückschein bestätigt.

Ein etwaiger Käufer wird den Überweisungsbeleg nur nach ordnungsgemäßer Übergabe des Kaufgegenstandes unterschreiben.

Wir hoffen, Ihnen mit diesen Angaben gedient zu haben und verbleiben mit ...«

Sollte die in- oder ausländische Werft sich nicht auf diesen Modus per Gemeinschaftskonto einlassen, ist höchste Alarmstufe angesagt. Es kann nach allen Erfahrungen vermutet werden, daß die Werft schon derart überschuldet ist, daß die Hausbank erst Altforderungen beglichen haben möchte, bevor sie neuen Kreditzusagen zustimmen wird.

7

Kaufvertrag annulliert – Die rechtlichen Folgen

Die folgende Geschichte ist aktenkundig und wurde Januar 1996 vor dem Landgericht Stuttgart verhandelt. Dem Leser möge sie als Warnung dienen, daß Kaufverträge in aller Ruhe, ohne Druck des Verkäufers, genauestens geprüft werden müssen und keine spontane Unterschrift vorgenommen werden soll. Zudem wirft sich die Frage auf, ob der deutsche Importeur einer großen französischen Werft noch Kaufverträge mit einem deutschen Kunden abschließen darf, obwohl die Werft am gleichen Tag Konkurs anmelden muß und damit die Auslieferung der Yacht nach Ansicht des Käufers nicht gewährleistet ist. Es darf vermutet werden, daß der Importeur über die finanzielle Situation der Werft natürlich Bescheid wußte. Er verschwieg diese prekäre Situation gegenüber dem Kunden.

Der Background der Kaufverhandlungen soll nicht verschwiegen werden. Der nicht unvermögende, aber seglerisch noch etwas lernbedürftigte Besitzer eines mittelständischen Betriebes plante, seine neue 42 Fuß große Yacht in die Vercharterung zu geben. Bei nicht stattfindender oder verspäteter Auslieferung der Yacht hätte der Vercharteter den Käufer der Yacht zu Schadenersatz verklagen können. Der Kauf der Yacht sollte ein Investment sein, zwei weitere Yachten standen zur Disposition. Die Geschichte fing ganz harmlos an. Zusammen mit seiner Gattin Ursula entdeckte Werner B. (Namen geändert, d. A.) bei einem Chartertörn rund Mallorca die Vorzüge maritimer Freizeitgestaltung. Kurz vor dem Ruhestand erschien eine eigene Yacht als ideale Ergänzung zum stressigen Alltag. Noch mehr Drive erhielt das neuentdeckte Hobby durch einige Anzeigen in Yachtmagazinen. Hier war von attraktiven Kauf-Renditesystemen die Rede. Die schnell georderten Angebote versprachen Werner B. eine laufende Rendite bei der

Vercharterung einer neuen Yacht. Schließlich besuchte man zwei Bootsmessen und bekam letztlich von Bavaria ein besonders interessantes Angebot unterbreitet. Als guter Kaufmann hörte sich Werner B. nun noch bei der französischen Konkurrenz um, und dort offerierte man ihm »ein mindestens so gutes Angebot«. Hier sei vermerkt, daß dies glatt gelogen war in Anbetracht der Kaufverträge, die dem Autor vorliegen.

Letztlich galt es nun, den potentiellen Käufer mit Preisvorteilen zu ködern und möglichst rasch zum Kaufvertrag zu bringen.

Auf der Interboot Ende September 95 unterbreitete der geschäftstüchtige Importeur Werner B. einen Preisnachlaß von 10% über die 42-Fuß-Yacht nebst Zubehör. Zudem stand ein Gratis-Sonderpaket für Zubehör über gut 16 000 Mark im Raum.

Das Kaufpreis war zweifellos eine gute Offerte, die handschriftlich vom Importeur fixiert wurde. Vor Gericht wurde der tatsächliche Rabattsatz des Importeurs offenkundig. Mit 19,2% wird dieser Importeur für seine Arbeit werftseitig entlohnt. 10% Nachlaß auf den Kauf sind nicht üblich und zeigt, daß hier unbedingt ein Kaufvertrag

unterschrieben werden mußte, wie sich bald darauf herausstellte.

Dennoch wollte Werner B. bei rund 300 000 Mark Gegenwert auf Nummer Sicher gehen und trieb die Verhandlungen mit dem zukünftigen Vercharterer der neuen Yacht voran. Dieser wollte eine stärkere Selbststeueranlage und diverses Zubehör eingebaut haben, damit die Yacht optimal für den Einsatz paßte.

Anfang November 1995 wird Werner B. vom Importeur angerufen und zum Kauf mit dem Hinweis sinngemäß gedrängt – die Werft wird in Kürze Preiserhöhungen vornehmen und die ausgehandelte Summe kann nur noch bis zum 2. November 1995 garantiert werden. Werner B. schlägt einen Verhandlungstermin auf Samstag, den 4. November 1995 vor. »Das ist zu spät«, argumentiert der Importeur. Auch Freitag, der 3. November, ist ihm nicht genehm. Also letztmöglicher Termin Donnerstag, der 2. November. Wie sich später vor Gericht herausstellte, wurde genau an diesem 2. November 1995 von der Werft in Frankreich Konkursantrag eingereicht. Noch wiegt sich der Käufer auf der sicheren Seite.

Eile tat Not. Werner B. und Gattin

sind sich prinzipiell über den Kauf
einig und fahren zum Importeur im
württembergischen Raum. Dort
verläuft die Kaufverhandlung ziemlich turbulent, denn plötzlich sind
die bisherigen Preiszusagen nicht
mehr bindend. Dennoch trifft man
sich nach dem Mittagessen noch
einmal zu Verhandlungen auf dem
Ausstellungsboot und fixiert handschriftlich neue Preise und neues
Zubehör in drei Verträgen. Diese
ziemlich unleserlichen Kaufverträge, siehe Abbildungen ohne
Namensnennung auf den Seiten
38, 47 und 67, über zusammen
rund 300 000 Mark werden vom

Importeur und Werner B. unterzeichnet. Ein ganz grober Fehler,
aus jedem Blickwinkel.
An diesem 2. November 1995 muß
die französische Werft Konkurs anmelden. Im nachhinein stellt sich
heraus, daß die Konkurrenz über
die angespannte finanzielle Situation der Werft schon Wochen vorher
auf der Hamburger Bootsmesse
Bescheid wußte, weil einige Zulieferer für fast alle Werften arbeiten
und die Branche als etwas klatsch-
süchtig gilt. Der Importeur teilt,
aus »verständlichen« Gründen,
weder bei den Verkaufsverhand-
lungen noch einen Tag nach dem

Kaum lesbarer handschriftlicher Kaufvertrag. Dennoch gültig vor Gericht.

Konkurs seinem Kunden diesen Sachverhalt der Konkursbeantragung mit.

Der Kunde bekam durch einen glücklichen Zufall die bestürzende Nachricht mitgeteilt. Trotz einiger Anrufe im Büro des Importeurs kommt es zu keinem klärenden Gespräch zwischen den beiden Parteien oder zu einem Rückruf des angeblich total überlasteten Importeurs. In seiner Not kontaktiert Werner B. seinen Rechtsanwalt und dieser empfiehlt ihm eine sofortige Stornierung der Verträge, dies wurde ausgeführt am 8. November 1995. Erst jetzt meldet sich unser Importeur telefonisch und besteht in einem Brief auf Erfüllung des Vertrags. Hier Auszüge aus dem Brief des Importeurs vom 8.11.95:

»... überrascht habe ich soeben Ihr Telefax vom 8.11.95 erhalten. Nachdem das Boot von Ihnen fest bestellt worden ist, Sie hatten sich ja am 2.11.95 über Mittag mit Ihrer werten Gattin zu einer Beratung zurückgezogen und kamen dann wieder und unterzeichneten den Kaufvertrag, habe ich das Boot für Sie speziell fest in der Werft bestellt, sodass jetzt eine Stornierung nicht möglich ist.«

(Der Autor bittet die Leserschaft um Nachsicht, daß die grammatikalischen Schnitzer in diesem Brief aus formellen Gründen nicht korrigiert werden konnten.)

Käufer Werner B. ist die Sache zu heiß, denn zu diesem Zeitpunkt weiß niemand, ob die Werft aufgelöst oder übernommen wird. Der verunsicherte Kunde schrieb am gleichen Tag dem Importeur:

»...Sie selbst hatten uns die Stornierung angeboten, um dem Verwirrspiel über den Kaufvertragsinhalt ein Ende zu bereiten. Wir halten an der Stornierung dieses Vertrags fest. Unabhängig davon fechten wir den Kaufvertrag am 3.11.95 einschließlich der Zusatzverträge unter den vorbezeichneten Nummern wegen arglistiger Täuschung und Inhaltsirrtum an. Allein die Tatsache, daß Sie nunmehr weitere Angebote zum Inhalt des Kaufvertrags nachreichen und zusätzliche anbieten zeigt schon, daß der von Ihnen vorgelegte Kaufvertrag, dessen Stornierung Sie selbst angeboten hatten, unausgegoren war und keineswegs dem entsprach, was Sie uns zunächst offeriert hatten. ...Da nach wie vor über den Inhalt Ihrer Leistung keine Einigkeit besteht, und Sie permanent

neue Angebote unterbreiten, dürfte aus rechtlicher Sicht ein Kaufvertrag noch nicht zustandegekommen sein. Sollten Sie nicht einverstanden sein, stelle ich Ihnen eine Klage anheim. Wir bedauern diese Geschäftsentwicklung und schlagen Ihnen einen neuen Gesprächstermin in Düsseldorf auf dem Messestand vor.«

Werner B. offeriert dem Importeur eine Abschlagzahlung von DM 8000 auf der Bootsmesse in Düsseldorf. Dieser lehnt ab und pocht auf Erfüllung des Vertrags. Der Gütetermin vor Gericht schlägt fehl, weil sich Werner B. arglistig vom Geschäftsgebaren des Importeurs getäuscht fühlt. Ein paar Monate später wird ein neuer Termin vor dem Landgericht Stuttgart festgelegt. Der Importeur fordert 46 000 DM Ausfall seiner Provision zuzüglich etwa 25 000 DM Gerichts- und Rechtsanwaltskosten. Nach mehrstündigem Verhandeln, ohne die extrem teure Beweisaufnahme, schlägt das Gericht als Vergleich 18 000 DM Abfindung für den Importeur vor. Letztlich einigt man sich auf 15 000 DM zuzüglich 1200 DM anteilige Gerichtskosten. Der Rechtsanwalt erhält ca. 11 800 DM Anwaltskosten. Die gegneri-

sche Partei muß den eigenen Rechtsbeistand selbst bezahlen zzgl. 1200 DM Gerichtskostenanteil. Unter dem Strich gesehen bekommt der Importeur statt seiner geforderten 46 000 DM zzgl. 25 000 DM Anwalts- und Gerichtskosten ganze 2000 DM, sofern er die Rechtsanwalts- und Gerichtskosten aus eigener Tasche bestreiten muß. Die 8000 Mark Abstandsumme des Käufers wäre viel vernünftiger gewesen. Hat sich dieser Eklat vor Gericht für den Importeur gelohnt? Zwei Gerichtstermine, jede Menge Ärger und einen verlustig gegangenen Kunden, der nun mit der Konkurrenz den Kauf abwickelt und zudem jeden interessierten Segler und die neuen Besitzer der Werft über die Vorgänge aufklärt? Der Fall zeigt doch wieder einmal, daß handschriftliche Kaufverträge nicht unter Zeitdruck abgefaßt und unterzeichnet werden sollen. Die maschinengeschriebene Ausführung muß bei derartigen Summen wohl selbstverständlich sein. Wenn die Sache so eilt, ist immer besondere Vorsicht geboten, wie hier der drohende und dann stattgefundene Konkurs der Werft beweist.

Rein rechtlich gesehen befindet man sich allerdings im Irrtum, wenn man glaubt, daß das Verschweigen eines drohenden Konkurses eine argliste Täuschung bedeutet. Der Konkurs ist nur ein Rechtszustand, der unabhängig vom weiteren Geschäftsverlauf ist. Der Käufer kann mit diesem Argument, so widersinnig und ungesetzlich es Laien erscheint, nicht vom Kaufvertrag zurücktreten. Der Konkurs könnte ja erst in einigen Monaten stattfinden.

Im obigen Fall liegt der Verdacht wohl ziemlich nahe, daß besagter Importeur sehr wohl wußte, daß an diesem 2. November von der Werft Konkursantrag gestellt wird, und er nach erfolgtem Konkurs keine Geschäfte mehr für die Werft abwickeln darf. Der Käufer gab zusammen mit seiner Gattin vor Ge-

richt in einem Schreiben an, daß der Importeur ihnen gegenüber folgendes zitiert hatte: »Ich weiß nicht, ob ich mein Angebot noch bei der Werft durchbringe, ich brauche den Vertrag heute noch und muß ihn zurückdatieren.« Hier wurde ganz offensichtlich mit harten Bandagen um einen schnellen Kaufabschluß gefightet, meint der Autor.

Vor Gericht stand bei den Vergleichsverhandlungen Aussage gegen Aussage, und weil es nur zum außergerichtlichen Vergleich kam, wurde über den Punkt der arglistigen Täuschung- die Drohung eines möglichen Konkurses der Werft- und damit eine zulässige Stornierung der Kaufverträge nicht verhandelt.

8

»Faule« Kunden – So werden die Händler ausgetrickst

Nicht wenige vermeintlich gute Kunden legen Ihren Bootshändler gnadenlos aufs Kreuz. Meist wird über eine ausführliche Mängelliste, die es bei jedem neuen Boot geben kann, schon bei der Kaufentscheidung ein gehöriger Preisabschlag angepeilt. Motto: »Da hole ich mir noch einmal 15 Prozent Nachlaß heraus.«

Ähnliches erlebt die Charterboot-Branche seit Beginn des neuen Reiserechts. Jegliche Art der Urlaubsbeeinträchtigung muß sich in barer Münze auszahlen, so meinen zumindest die oberschlauen Bootstouristen. Tatsächlich halten sich die Ersatzleistungen in Barem oder in Form von Gutscheinen sehr in Grenzen. Die Beweisführung für die subjektive Urlaubsbeeinträchtigung muß der Kunde liefern. Dazu ist meist ein Rechtsanwalt nötig, und der kostet schon vorab eine Menge Geld. Ob der Urlaub mit dem Charterboot unter dem Vorsatz der Geldeintreiberei dann noch Spaß macht, wagt der Autor zu bezweifeln.

Nicht anders verhält es sich bei Bootskäufern, die mit dem »letzten Pfennig« ein zu großes Boot gekauft haben und nun durch fadenscheinige Winkelzüge die Anschaffungskosten senken möchten. Von diesen, langfristig gesehen, sicher nicht glücklichen Wassersportlern soll in diesem Kapitel nicht die Rede sein. Hier geht es um die wirklich »faulen Kunden«, die gerissene Betrüger ohne Niveau sind. Von dieser Sorte gibt es nicht allzu viele, aber die Tendenz ist steigend, wohl auch wegen der wirtschaftlich angespannten Lage auf dem Bootsmarkt.

Hier ein paar besonders krasse Fälle aus der letzten Saison.

Mit ungedeckten Schecks bezahlt

Eine Umfrage unter französischen Bootshändlern am Mittelmeer ergab, daß fast jeder Händler mit ungedeckten Schecks der Kundschaft zu kämpfen hatte. Weil die meisten Yachten über A-Konto-Zahlungen ausgeliefert werden, drücken sich auch deutsche Kunden immer wieder vor der Restzahlung. Der letzte Scheck wird nach der im freundlichen Ton verlaufenen Übergabe der Yacht blitzschnell telegrafisch gesperrt. Als Grund gibt der Kunde gegenüber der Bank Mängel an der Yacht an. Der Händler sitzt auf dem Trockenen und kommt nicht an sein Geld heran.

Gestohlene Boote weiterverkauft

1) Ein Gebrauchtwagenhändler aus dem Osten Berlins stahl in Dänemark zwei fabrikneue amerikanische Scarab-Motoryachten samt LKW, Stückpreis 135 000 und 160 000 Mark. Beide Yachten wurden mit gefälschten Papieren in der Schweiz weiterverkauft.

Das Dokumentenpapier mit Leinenstruktur der gefälschten Bootspapiere war echt. Die Schweizerische Polizei kam dem Schwindel auf die Spur, weil die verwendeten Messingnieten nicht den behördlichen Mustern entsprachen.

2) Bei einem Schweizerischen Yachthändler wurde eine 30 Fuß lange Segelyacht im Wert von 90 000 Mark zum Probesegeln auf dem Genfer See von einem deutschen Ehepaar ausgeliehen. Die beiden fuhren zur französischen Uferseite und verluden die Yacht auf einen schon bereitgestellten LKW. Sie düsten in Richtung Mittelmeerküste ab.

Trailerbare Serienyachten werden von der Straße weg geklaut.

Wegen eines Reifenschadens am LKW des Bootstransporters war die Autobahn Genf-Lyon teilweise blockiert. Die Polizei kontrollierte die Papiere und dabei flog der Schwindel auf. Das deutsche Seglerpaar hatte schon im vergangenen Jahr eine Charteryacht an der französischen Mittelmeerküste unterschlagen. Jetzt droht eine mehrjährige Haftstrafe.

3) Auf den bekannten Bootsausstellungen werden immer wieder Traileryachten vom Freigelände weggeklaut. Nicht wenige Yachten wurden im letzten Jahr auch von schwach frequentierten Trockenliegeplätzen oder bei Gebrauchtboote-Messen entwendet. Die Versicherungen glauben an eine kriminelle Zweckverbindung zwischen frustrierten Bootseignern, unehrlichen Händlern und Schlepperbanden, die die »unverkäuflichen« Motoryachten im Auftrag klauen lassen. Die Versicherungsgesellschaft wird die Sache schon richten. Die meisten Yacht-Kaskoversicherungen decken auch den Land-Liegeplatz ab. Ähnliche kriminelle Verbindungen gibt es seit einigen Jahren beim Verschieben von Luxuswagen in die ehemaligen Ostblockstaaten und den Nahen Osten. Häufig waren die bisherigen Eigner der Wagen an der Verschiebung beteiligt.

Hafengebühren unterschlagen

Immer wieder verdrücken sich Bootseigner still und heimlich von ihrem Liegeplatz, den sie gemietet aber noch nicht vollständig bezahlt haben. Der Dumme ist häufig der Bootshändler, der die Liegeplätze langfristig angemietet hat und an Kunden untervermieten muß.

Neue Yachten werden in gefragten Segelregionen mit einem befristeten Mietvertrag auf einen gesicherten Liegeplatz verkauft. Ohne Liegeplatz kann am Bodensee fast keine neue Yacht verkauft werden. Ein Händler erzählte uns seine Geschichte: »Der Kunde kaufte bei mir eine 35 Fuß große Segelyacht eines französischen Herstellers. Danach blieb er mir den Jahresbetrag für den Liegeplatz schuldig. Ich stellte ihn nach einem halben Jahr zur Rede. Der Kunde setzte mir knallhart das Messer auf die Brust und sagte: Rechne ich die

Lieferverzögerung und die Mängelbeseitigung gegen die Liegeplatzkosten auf, dann kommst Du noch gut mit dem Gratisliegeplatz davon.«

Zubehör gestohlen

Immer wieder wird bei Probefahrten und Chartertörns wertvolle Ausrüstung von Bord weggeklaut. Selbst der Austausch von fabrikneuen Vorsegeln oder einem Spinnaker gegen gebrauchte Muster ist bei Yachten mit Regatta-Klassen-Status keine Seltenheit. Der originale Segelsack bleibt auf dem Boot, aber der Inhalt ist »alt gegen neu«. Auch Seekarten und Hafenhandbücher werden immer wieder »mitgenommen«, und sei es nur als Souvenir.

»Besonders auf Charteryachten klauen manche Segler wie die Raben«, erzählte uns ein Stützpunktleiter an der Ostsee. »Wir erlebten sogar den Austausch von neuwertigen Beibooten und Außenbordern der gleichen Marke gegen ältere Exemplare, die in einem anderen Hafen an Bord geschafft wurden. Erst über die Kontrolle der Seriennummern flog der Schwindel auf. Weil es sich um einen »treuen« Kunden handelte, ließen wir die Sache auf sich beruhen.«

Selbst vor Werkzeugklauern sind manche Charteryachten nicht sicher. »Früher vertrauten wir der Kundschaft, heute führen wir eine absolut korrekte Werkzeug-Inventurliste, die wir bei der Rückgabe der Yacht abhaken.«

Treibstoff-Tank leergepumpt

»Kleinvieh macht auch Mist«, sagte sich wohl ein besonders einfältiger Zeitgenosse. Er verabredete sich mit einem Händler zur Probefahrt. Auf der kurz zuvor vollgetankten 42 Fuß großen Motoryacht fehlten nach einer einstündigen Probefahrt 250 Liter Sprit in den beiden Tanks. So viel Sprit säuft keine Yacht dieser Größe. Der kaufinteressierte Italiener hatte die vollgetankte Motoryacht als Spritreservoir für die eigene kleinere Yacht benutzt. Mit diesem Trick reiste der Betrüger zwei Jahre an der Côte d' Azur entlang. Er wurde geschnappt, als er in Fréjus die Tankverbindung mit Pumpe zur nächsten Motoryacht legte. Die Stegnachbarn waren kurz zuvor Essen gegangen, kamen aber wegen einer Unpäßlichkeit vorzeitig an Bord zurück. Eine peinliche Geschichte, die intern geregelt wurde.

54

9

Der Trick mit der Mehrwertsteuer

Innerhalb der europäischen Währungsunion muß auf alle Güter die Mehrwertsteuer unterschiedlicher Höhe bezahlt werden. Die Franzosen bezahlen fast fünf Prozent mehr Mehrwertsteuer auf Yachten als Deutsche. Diese Regelung besagt aber auch, daß Sie die fällige Mehrwertsteuer nicht unbedingt in ihrem Heimatland entrichten müssen. Jeder deutsche Yachteigner kann die Mehrwertsteuer auch in Italien oder in einem anderen EU-Land bezahlen.

TIP

Entscheidend ist, so die allgemeine Regelung, daß in einem beliebigen EU-Land die Mehrwertsteuer bezahlt wurde, und dieser Beleg an Bord vorliegt. Sonst kann es Ärger geben (den es leider aber auch so geben kann, siehe weiter unten).

Fakt ist, daß sehr viele Yachten in den vergangenen Jahren zum Nettopreis in Deutschland gekauft und dann mit den international tätigen Importeuren ins Ausland gebracht wurden. Der deutsche Bootsschein (Internationales Flaggenzertifikat) genügte den ausländischen Behörden meist als Besitznachweis, und man ging davon aus, daß die heimische Mehrwertsteuer auch ordnungsgemäß entrichtet worden war. Der Großteil der deutschen Yachten, die in holländischen oder spanischen Marinas »vor Anker lagen«, wurde mit Billigung der Behörden »mehrwertsteuerfrei« geduldet. Es galt, die oft mit beträchtlichem Aufwand erstellten Marinas auszulasten.

Zolltechnisch gesehen lief das Boot im Transit, also vorübergehend gesetzlich korrekt mehrwertsteuerfrei. Außerhalb der EU-Länder, wie auf den Karibischen Inseln, ist dies heute immer noch möglich. Damit sparte sich der Käufer die Mehrwertsteuer, und der Bootshändler war zudem den Kunden mit den üblichen Mängellisten los. Sehr viele Boote wurden auch mit schwarzem Geld bezahlt. Dreck am Stecken hatte der Käufer, nicht

**In Panama registrierte Yachten
fahren mehrwertsteuerfrei.**

der Bootshändler, obwohl dieser davon nicht schlecht profitierte. Wird eine ausländische EU-Yacht von einem deutschen Kunden in seinem Heimatland bestellt und bezahlt, kann es Probleme mit der Mehrwertsteuer geben. Entscheidend ist, wo das Schiff ausgeliefert wird. In einem Rechtsstreit argumentiert ein deutscher Rechtsanwalt die Position des Importeurs französischer Yachten in einem Brief an den gegnerischen Anwalt: »...Erfolgt die Übergabe der Yacht an der französischen Côte d'Azur, wird die französische Mehrwertsteuer in Höhe von 20,6 % zur Zah-

lung fällig. In der Vergangenheit kam es vor, daß der Zoll in A... sehr großzügig war und nur kontrolliert hat, ob die Mehrwertsteuer in einem EU-Land bezahlt ist. Insofern wurde der Übergabeort außer Acht gelassen. Oftmals haben deutsche Kunden von dieser großzügigen Handhabung des französischen Zolls profitiert. Steuerrechtlich jedoch ist es so, daß am Ort der Übergabe die Mehrwertsteuer zu bezahlen ist.« Tatsächlich verlangte der deutsche Importeur 15 % Mehrwertsteuer. Die Yacht wurde jedoch in Frankreich gebaut und direkt an der Côte d' Azur ausgeliefert. Daraufhin verlangte der französische Zoll

20,6 Prozent französische Mehrwertsteuer vom deutschen Käufer, trotz Vorlage der deutschen Rechnung mit ausgewiesener Mehrwertsteuer. Das Ende vom Lied – erst nach Monaten kam der deutsche Segler über seinen Anwalt wieder an sein Geld. Zudem verteuerte sich die Yacht um 5 Prozent durch die höhere französische Mehrwertsteuer. Die Rechtsanwaltskosten mußte er zudem aus eigener Kasse begleichen.

Inzwischen zieht der Trick mit der unterschlagenen Mehrwertsteuer nicht mehr, denn alle Finanzbehörden innerhalb der EU-Länder verlangen von jedem Yachtie nach Gutdünken einen Besitznachweis und den Beleg für die bezahlte Mehrwertsteuer. Holländische Zöllner griffen voll zu, und auch in einigen besonders stark von deutschen Wassersportlern frequentierten spanischen Marinas herrschte monatelang die blanke Angst unter den Bootseignern.

Gründe hierfür gab es genug. Trat der Eigner den Beweis für die bezahlte Mehrwertsteuer nicht an, kam und kommt das Boot solange

Ohne Mehrwertsteuer-Nachweis legt die italienische Finanzpolizei ausländische Yachten an die Kette.

an die Kette, bis die Steuer bezahlt wird. Deshalb Vorsicht beim Gebrauchtboote-Kauf. Hat der Voreigner die Mehrwertsteuer bezahlt? Ist die vorgelegte Rechnung juristisch einwandfrei in Ordnung? Die Höhe der Abgaben richtet sich nach dem augenblicklichen Schätzwert. Dabei kann es erhebliche Differenzen zwischen den Beamten und dem Bootseigner geben. Dies gilt besonders für gebrauchte Yachten, die unter ausländischer Flagge im Mittelmeer stationiert sind.

Hier ein typisches Szenario aus einer Marina bei Venedig, die von deutschen Schiffeignern lebt: »Der italienische Beamte setzte mir »das Messer« auf die Brust und schätzte den Wert meiner fünf Jahre alten 42 Fuß Beneteau-Yacht auf 350 000 Mark. Dabei hatte ich die Yacht von einem Bekannten ein Jahr zuvor für 150 000 Mark erstanden, weil ihm die Kosten zu hoch wurden. Es war keine gewerblich genutzte Yacht, sondern reines Privateigentum. Den Kaufbeleg erkannte der Beamte nicht an, weil dort keine Mehrwertsteuer separat aufgeführt war, die in Italien bezahlt worden war.«

Das Ende vom Lied: Man einigte sich auf 275 000 Mark Zeitwert, damit die Ferien gerettet waren. Die Mehrwertsteuer über 49 500 Mark mußte notariell beglaubigt an Ort und Stelle bezahlt werden, was noch einmal 800 Mark Bearbeitungsgebühr kostete. Yachten werden in Italien wie Grundstücke und Häuser behandelt. Der Kauf und Verkauf von Yachten muß notariell abgewickelt werden.

Letztlich werden Yachten von über 100 000 Mark Zeitwert in fast allen EU-Mittelmeer-Anrainerstaaten als Luxusgüter betrachtet und oft mit erhöhten Mehrwertsteuer-Abgaben belastet. Die derzeitige deutsche Mehrwertsteuer ist immer noch relativ human im Vergleich zu den Nachbarländern. Auskünfte geben auch die Handelsvertretungen der Länder im nächsten Konsulat oder bei der Botschaft.

TIP

Wer jetzt heiße Ohren hat, sollte die Rechtsgrundlage auswendig lernen: Eine nachträgliche Bezahlung der Mehrwertsteuer von neuen oder gebrauchten Yachten, die im Ausland liegen, ist in Deutschland nicht möglich! Wurde das Boot im Ausland gekauft und liegt es dort fest, muß auch dort die Mehrwertsteuer bezahlt werden.

Vielleicht hätte der deutsche Finanzbeamte Spaß an einer Schiffsbesichtigung im fernen Griechenland? Der Reiselust seiner Beamten schiebt der Gesetzgeber deshalb einen Riegel vor. Sonst würde auch der folgende Trick greifen. Man läßt sich eine deutlich niedrigere Kaufpreis-Summe vom ausländischen Verkäufer ausstellen und bezahlt darüber in Deutschland die Mehrwertsteuer. Auf diesen Trick fällt kein deutsches Finanzamt mehr rein, auch wenn Ihnen dies der smarte Bootsverkäufer versprechen sollte. Wer im Ausland die dortige Mehrwertsteuer zähneknirschend bezahlt, umgeht zumindest beharrliche Fragen eines »neidischen« Finanzbeamten im kühlen Deutschland nach der Herkunft des Geldes, mit dem die Yacht bezahlt wurde. Mehrwertsteuerfreie Oasen gibt es immer noch auf den englischen Kanalinseln Jersey und Guernsey, oder auch in Gibraltar und in den Karibischen Gewässern. Summiert man allerdings die Kosten der Vermittlungsbüros und die einmaligen oder auch jedes Jahr neu anfallenden Verwaltungsgebühren dieser Steueroasen, dann geht die Rechnung mit der ersparten Mehrwertsteuer nur bedingt auf. Zudem schaut sich Zoll und Polizei rund ums Mittelmeer diese Yachten besonders sorgfältig an, einschließlich ihrer Besitzer und Gäste.

10

Bootsbau – Made in Germany?

Das hochwertige japanische Radargerät wird in Malaysia gefertigt, der fabelhaft praktische amerikanische GPS stammt aus taiwanesischer Massenproduktion, und der Rumpf Ihrer deutschen Yacht wird in Polen laminiert. Das gibt es nicht, werden Sie entgegnen, schließlich verweist der Verkäufer auf die Qualität seines Produkts mit dem Prädikat »Qualität Made in Germany«. So kann man sich irren. Besonders kleinere trailerbare Yachten werden heute auf deutsche Rechnung wegen der geringeren Lohn- und Nebenkosten bevorzugt in den ehemaligen Ländern des Ostblocks gefertigt. Dort sind die Zulassungsbestimmungen für kunststoffverarbeitende Betriebe nicht so streng wie bei uns. Polnische und ukrainische Laminierer fertigen in beträchtlichen Stückzahlen Rümpfe, Decks und Innenschalen. Der Zusammenbau erfolgt dann in Deutschland mit den oft in Tschechien gefertigten Holzteilen und Zubehör aus den EU-Ländern. Eine geschickte Arbeitsteilung, deren Kostenersparnis allerdings selten direkt an den Kunden weitergegeben wird. So kann eine angeblich deutsche sieben Meter lange Traileryacht durchaus zum Neupreis von über 75 000 Mark verkauft werden, während das zu 100 Prozent in England gefertigte Pendant für 55 000 Mark gehandelt wird. Damit wir uns nicht falsch verstehen: Die polnischen Arbeiter liefern zu geringeren Kosten meist absolut gleichwertige Produkte wie ihre Kollegen aus den EU-Ländern ab, sofern die Bauaufsicht funktioniert. Roßtäuscherei betreiben jene Werften, die mit dem Erhalt deutscher Arbeitsplätze auf die Tränendrüse der Kundschaft drücken, in Wirklichkeit aber in Billigländern die wichtigsten Teile produzieren lassen. Das »Made-in-Germany-Etikett« kann so lange verwendet werden, bis eine Abmahnung der Konkurrenz läuft. Letztlich gehen diese Abmahnungen wie das Hornberger Schießen aus. Lernfähig sind auch unsere Nachbarn. Zumindest ein französi-

**Polnische Yachtwerften sind auf dem
europäischen Bootsmarkt stark vertreten.**

scher Hersteller läßt einen Teil seiner großen Yachtpalette jetzt in den ehemaligen Ostblock-Ländern fertigen.

Glatter Betrug am Kunden sind Plagiate erfolgreicher Yachten. Da wird der Rumpf einer Yacht ohne Wissen der Konstrukteure gekauft und als Positivform für die eigene Negativform verwendet. In dieser neuen Negativform »bäckt« man

dann »eigene« Yachten, die bis auf ein paar optische Retuschen täuschend ähnlich sind mit dem hochwertigen Original. Der geleimte Konstrukteur kann seine berechtigten Ansprüche auf sein Copyright der Entwürfe bei ausländischen Gerichten kaum durchsetzen, weil die Werft einfach Konkurs anmeldet, und dann 14 Tage später unter neuem Namen weiterproduziert. Auf dem Gebrauchtboote-Markt werden immer wieder deutsche Neptun-Trailerboote oder holländische Contest-Yachten sowie kanadische Carter 30/33 Yachten offeriert, deren Herkunft mit absoluter Sicherheit nicht identisch zum Original ist.

Die Bauqualität dieser Plagiate ist fast immer zweitklassig. Der Kunde merkt diesen Betrug oft erst beim Weiterverkauf oder im direkten Vergleich mit dem Original.

TIP

Deshalb sollte sich der Kunde im Kaufvertrag von neuen oder gebrauchten Yachten den Herstellungsort von Rumpf, Deck und Innenausbau bestätigen lassen.

Manche Werften arbeiten auch zweigleisig. Die kleineren Yachten werden in Billiglohn-Ländern gefertigt, die größeren Yachten über 30 Fuß Länge sind heimische Produkte. Die Werbung setzt natürlich auf die heimischen Meisterwerke.

11

Neue Yacht – Probefahrt gefällig?

in neues Auto kommt ohne Probefahrt kaum ins Haus. Selbstverständlich hält sich jeder deutsche, österreichische oder schweizerische Autofahrer für einen erfahrenen Experten in Sachen Automobil. Glauben Sie einem bekannten PKW-Konstrukteur und Hochseesegler: »Autos und Yachten werden erstens nach dem Geldbeutel, zweitens nach der Optik, und drittens nach dem Verkaufsgeschick des Händlers gekauft. Die besseren »inneren Werte« spielen eine absolut untergeordnete Rolle in der Verkaufsentscheidung.« Neue Yachten werden fast ausschließlich vom Stand weg verkauft. Blind wird dem Verkäufer und den raffiniert gestalteten Prospekten geglaubt und vertraut.Ein erfolgreicher Verkäufer stellte fest: »Neun von zehn Ausstellungsbesuchern schauen sich zuerst die Kombüse oder den Kartentisch an, bevor sie einen Blick in den Ankerkasten werfen oder gar die Zugänglichkeit des Motors inspizieren. Eine Probefahrt wird wohl kurz andiskutiert, aber findet dann wegen Flaute

oder anderen geschäftlichen Verpflichtungen nicht statt.«
Wenn Sie den Autor nach den Gründen fragen, ist die Sache recht klar. Die meisten Kunden wollen sich nicht als relativ unerfahrene, ja »schlechte« Segler bloßstellen und sagen lieber ja und amen zum Kaufvertrag, als daß sie sich eine Blöße geben. Der Mann an der Verkaufsfront hat sicher in den wesentlichen Punkten recht. Letztlich soll das neue oder gebrauchte Boot dem Käufer gefallen. Die Fachzeitschriften haben das Boot gelobt, was kann da noch schiefgehen?
Nach meiner ganz persönlichen Erfahrung mit dem Kauf von sieben Yachten, zwei Fehlkäufe waren darunter, kann der positive Eindruck von einer Minute zur nächsten ins Gegenteil umschlagen. Hier ein paar Beispiele: Das Ruder ist falsch dimensioniert, die Yacht läuft bei leicht überhöhtem Segeldruck schon aus dem Ruder, kurz, das Boot ist gnadenlos luvgierig und macht überhaupt keinen Spaß beim Segeln. Der Prospekt versprach hervorragende Segeleigenschaften, die auch bei auffrischenden Winden

63

ein Gefühl von perfekter Sicherheit vermitteln. Daß der schnieke Kübel in kurzen Wellen stampfte wie ein spanischer Bulle in der Arena blieb den Testern einer bekannten Fachzeitschrift nicht verborgen. Man sollte eben hinter den Zeilen lesen können, als da stand: »Auf raumem Kurs fühlt sich die Yacht besonders wohl.« Der Kollege vermied zu schreiben: Das jollenartig geformte, flache Vorschiff ist gegenan eine Zumutung.

Wie gut hat mir die Innenraumgestaltung gefallen. Die Ernüchterung traf mich zurecht. Das optisch ansprechende Rundsofa bot keinerlei Ruheplatz für die Freiwache bei langen Törns, und die hochgelobte Achterkajüte war bei Seegang laut wie eine verkappte Disco. Selbstverständlich eignen sich die vorderen Kojen nur für Kinder. Weshalb sind Ihre Beine auch so ellenlang? Daß der Ankerkasten in die Kojenpolster leckt, merken Sie erst am Geschrei der Kinder. Gut so, dafür ist der prachtvolle Kartentisch für Seekarten richtig üppig dimensioniert. Bestimmt sitze ich mehr als eine halbe Stunde pro Tag vor meinen geliebten Seekarten im »tiefen Keller«. Draußen an der frischen Luft lege ich die Kurse in fünf Minuten fest. Ist der riesige Kartentisch Platzver-

schwendung? Daß mir das Kreuz für die nächsten acht Stunden an den unsinnig geformten Cockpitwänden schmerzt, ist Nebensache. Hauptsache, das Design stimmt.

»Weil der Yachtkauf meist von den Damen über die Ausstattung der Kombüse mitentschieden wird«, meint ein sarkastisch veranlagter Verkäufer, »legen wir Wert auf genügend Platz für die Zubereitung eines 4-Gänge-Menüs, dabei ist den meisten Seglern häufiger nach trockenen Keksen zumute.« Dies alles, und noch viel mehr, erkennen Sie spätestens bei der ersten Ausfahrt, wo Sie wegen widriger Winde die lange Nacht auf holpriger See verbringen werden. Deshalb:

TIP
Nehmen Sie sich für den Yachtkauf Zeit und interessieren Sie sich auch für Details. Eine zweitägige Probefahrt sollte selbstverständlich sein. Chartern Sie einfach das Boot für ein verlängertes Wochenende. Die Chartergebühr wird beim Kauf der Yacht angerechnet. Als kleiner Trost für zukünftige Fehlkäufe sei bemerkt, daß kein Segler zu hundert Prozent mit seinem Schiff zufrieden ist. Jeder bastelt, verbessert, oder verschlechtert auch, und schließlich schaut er sich nach einem neuen Schiff um. So wie sich der Mensch im Lauf der Jahre verändert, so veränderlich sind auch die Vorstellungen für eine neue Yacht.

12

Der Trick mit dem billigen Zubehör

A ußen hui, innen pfui? Rein optisch gesehen unterscheiden sich hochwertige Navigationsinstrumente kaum von billiger Massenware. Entsprechend blauäugig kreuzen viele Kunden das mitunter lebenswichtige Zubehör fast unbesehen beim Kaufvertrag der neuen Yacht an. Ähnlich lasch wird die Segelgarderobe oder das Ankergeschirr geordert. Die Werft wird es schon richten, der Bootshändler wird schon wissen, was sinnvoll und nötig ist. Ein elementarer Fehler. Die meisten Reibereien zwischen Händler/Werft und Kunde entstehen durch zu unpräzise abgefaßte Zubehör- und Ausrüstungslisten. Der Kunde fühlt sich im nachhinein häufig über den Tisch gezogen und spricht ganz offen von Betrug und Roßtäuschern, dabei liegt es nur an ihm selbst, daß er mit verträumtem Blick ziemlich naiv die ellenlange Zubehörliste ausgefüllt hat. Schwerwiegendster Irrtum: Das Ausstellungsboot muß keinesfalls dem Serienschiff entsprechen. Die meisten Ausstellungsyachten sind besonders sorgfältig gefertigt und nachgearbeitet. Ein Schmuckstück durch und durch. It's Showtime. Das Ausstellungsboot ist mit den besten Produkten renommierter Gerätehersteller wie Brooks & Gatehouse bestückt. Experten sind sich einig, daß jedes englische Pfund hier seinen Preis wert ist. 50 Prozent Preisunterschied zwischen gängiger und erstklassiger Markenware ist keinesfalls die Ausnahme. Wird der Kaufvertrag für das neue Boot nun pauschal »segelfertig« mit eingebautem Zu-

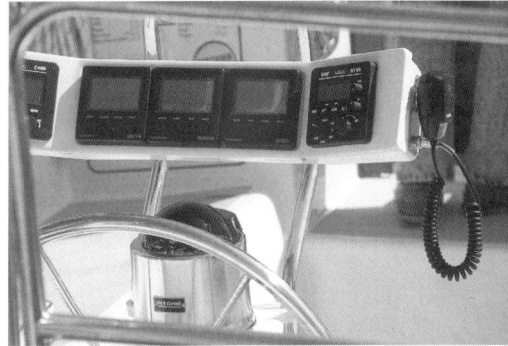

Ein Foto als Beweis für die gewünschte Ausrüstung ist stichhaltig.

behör wie Selbststeuerungsanlage, Speedometer/Log, Echolot, GPS, Radar und UKW-Sprechfunkanlage mit DM 250 000.- vereinbart, kann der Händler auch preiswerte Geräte einbauen. Korrekt wäre die genaue Typenbezeichnung und penibel genaue Auflistung der einzelnen Posten, die im pauschalen Kaufpreis inbegriffen sind. Hier ein paar Preisbeispiele zum Vergleich:

■ Brooks & Gatehouse Echolot ca. DM 826.-, dagegen das Nasa Target Echolot ca. 249.-.

■ Das deutsche VDO-Log kostet ca. DM 769.-, das japanische Standard SL40 Digitallog schlägt nur mit ca. DM 410.- zu Buche.

Ohne Selbststeuerung geht heute wohl keine Yacht mehr auf große Fahrt. Die verschiedenen Modelle der marktbeherrschenden »elektrischen« Selbststeuerungsanlagen der Firma Autohelm sehen optisch ziemlich ähnlich aus. Ihre Innereien sind allerdings je nach Anwendungszweck unterschiedlich. So kostet der Autohelm Pinnenpilot ST 1000 Plus ca. DM 699.-, die leistungsfähigere ST 4000 Plus gibt es für ca. DM 1499.-. Für eine noch längere Lebenserwartung ausgelegt ist

die optisch fast identische AST 4000 T GP, Kostenpunkt ca. DM 2795.- , die richtige Wahl, wenn eine Atlantiküberquerung ansteht. Es genügt nicht, nur den Punkt Selbststeueranlage im Vertrag anzukreuzen. Richtig gute Steuerkompasse kosten mindestens 1000 Mark ohne Zubehör, der preiswerte Kompaß für 300 Mark ist ein ständiges Ärgernis. Abgerundet zeigt sich hier schon eine Differenz von 4 500 Mark zwischen der teuren und der preiswerten Ausrüstung. Die Liste ließe sich beliebig verlängern, weil auch »unter den Bodenbrettern« Spielraum für Kostensenkungen ist. Denken Sie nur an leistungsfähige Pumpen, mehr oder weniger Tankvolumen, üppige oder dürftige Warmwasser-Boiler. Schließlich profitiert die sehr aktive Zubehörbranche in erster Linie von den Nachrüstungen unzufriedener Kunden. Höhere Qualität zahlt sich an Bord auf lange Sicht gesehen immer aus. Mehr darüber übrigens im nächsten Kapitel. Zudem:

T I P

Nicht wenige Bootshändler und Werften behalten sich Änderungen in der Serienausstattung vor. Streichen Sie diesen Passus aus dem Vertrag.

Die Positionen 1 - 5 im handschriftlichen Kaufvertrag verzeichnen keine genaue Typenbezeichnung und pauschalen Preis. Dies bedeutet volles Risiko für den Kunden.

Zwischen einer teuren und billigen Vorsegel-Rollreffanlage sind gut 2 000 Mark Luft. Großsegel-Rollreffanlagen sind voll im Trend. 4 000 DM mehr kostet die bessere Anlage. Schließlich sind 10 000 DM Preisunterschied zwischen einer hochwertigen Segelgarderobe und einem Billigprodukt auch ein Batzen Geld, das dem Kunden zusteht, sofern der Kaufvertrag entsprechend detailliert mit exakten Warentypen-Bezeichnungen und Baugrößen verfaßt wurde. Deshalb sollte auch der Segellieferant, Mastenbauer, Reffanlagen-Ausrüster in jedem Kaufvertrag mit Spezifizierung aufgeführt sein, z. B. dreifach genähtes Großsegel, Tuchqualität in Gramm und Größe. Wichtig bei Leichtwetter-Segeln. Zugegeben, eine Mordsarbeit, die sich letztlich aber für beide Seiten lohnt. Hier geht es schließlich um mindestens 30 Prozent des Schiffswerts. Man bestellt ja auch nicht alle Tage ein teures Schiff, das ein großes Stück Lebensqualität bedeuten soll. Wenn der Verkäufer auf diese detaillierten Ausrüstungslisten, die fester Bestandteil des Vertrags sein müssen, nicht eingehen will, sollten Sie den Kaufvertrag nicht unterzeichnen. Hier liegt der Verdacht nahe, daß Sie über den Tisch gezogen werden sollen.

Seriöse Werften sind stolz auf ihre nicht weniger renommierten Zulieferer. Es besteht deshalb kein Grund, daß Änderungen ohne ihre schriftliche Bestätigung durchgeführt werden, die leider viel zu oft nicht dem »technischen Fortschritt«, sondern schlicht der Kostenreduzierung dienen.

T I P

Nach unseren Erfahrungen sind Detailfotos, die Sie auf der Ausstellungsyacht anfertigen und Bestandteil des Kaufvertrags sind, für beide Seiten hilfreich. Mit einer guten Kamera lassen sich Typenschilder und Einbau-Anordnungen prima festhalten. Verweigert Ihr Bootshändler diese Beweismittel, möchte er vielleicht Ihren vorher ausgehandelten Rabatt von, nehmen wir einmal an, fünf Prozent, über die für ihn vorteilhafte Ausrüstungsliste wieder hereinholen.

Wie sieht es mit selbstgekauftem Zubehör aus, das die Werft einbauen soll? Ein guter Freund von mir verfügt über eine etwa 30jährige Praxis mit diversen Yachten. Als gelernter Programmierer kennt er die günstigsten Einkaufsquellen für elektronisches Schiffszubehör. Was lag also näher, als diese Vorteile zu nutzen und die Werft zum Einbau zu verpflichten. Der Werftbesitzer zuckte kurz zusammen, aber der Kaufvertrag über etwa 310 000 Mark war ihm natürlich wichtiger, als der eigene Einkaufsrabatt von ca. 20 % bei den Elektronik-Händlern.

Man einigte sich auf einen vernünftigen Festpreis für den Einbau der Geräte. So weit so gut. Der Haken an der Sache stellte sich bei der Auslieferungsfahrt heraus. Es funktionierte praktisch keines dieser Geräte einwandfrei, und zudem korrespondierten einige Navi-Instrumente nicht miteinander, trotz kompatibler Normen, weil sie von zwei verschiedenen Lieferanten bezogen worden waren. Die Werft sah sich nicht zur Nachbesserung veranlaßt, und die Navi-Händler schoben die Schuld auf den »nicht fachgerechten Einbau der Werft.« Regreßansprüche wurden kategorisch abgelehnt.

Letztlich mußte mein Freund selbst zum Werkzeug und zu Meßgeräten greifen, und eine gute Woche lang an Hand der teilweise falschen, nicht passenden Betriebsanleitungen nachbessern. Sein Kommentar: »Am meisten ärgert mich, daß ich der Werft blindlings vertraut habe. Die Leute waren mit den neuen, ihnen ungewohnten Instrumenten, glatt überfordert. Der Werftbesitzer hielt die Klappe bis zur Übernahmefahrt und hoffte natürlich darauf, daß sich alles in Wohlgefallen auflösen würde.« Weit gefehlt. Man schrieb sich einen Aktenordner voll Briefe und schaltete einen Rechtsanwalt ein. Unter dem Strich gesehen waren dies extrem teure Navi-Instrumente und nur ein Sack voll Ärger, denn die Werft stellte den Betrieb ein. Im nachhinein ist man immer klüger:

T I P

Hätte mein Freund die Instrumente inklusive Einbau zu etwas höheren Preisen bei der Werft bezogen, wäre die Haftung eindeutig: Die Werft muß bei Mängeln nachbessern. Der Kunde braucht sich keine Gedanken um die Fehlerursache zu machen.

13

Faß ohne Boden – Tankanlagen auf dem Prüfstand

in Alptraum weckt mich schweißgebadet mitten auf dem Atlantik in meiner Koje: Hilfe, wir sind am Verdursten! Der Wassertank ist fast leer, weil das Tankvolumen auf dem Prospekt geschönt war. Solche und andere Alpträume quälen wohl jeden Segler vor seiner ersten großen Blauwasserfahrt. Tatsächlich stimmen bei sehr vielen Yachten die Tankgrößen nicht mit den Prospektangaben überein, wie ich auf eigenen und fremden Yachten feststellen mußte. Die Crux an der Sache: Prospekte müssen schon einige Monate vor Serienbeginn gedruckt werden. Änderungen am Serienboot bleiben den Prospektmachern oft verborgen.

Bei vielen Werften rechnet man an Hand der Konstruktionspläne das zu erwartende Tankvolumen aus. In der Praxis vermindern Tankauflagen aus Holz oder Kunststoff, Einbauten wie Kettenkästen und besonders die heute fast immer vorgeschriebenen Schmutzwassertanks nebst Rohrleitungen und Pumpen, das ursprünglich festgelegte Frischwasser- und Treibstoff-Tankvolumen ganz beträchtlich. Man kann die Werft dazu bringen, daß sie alle Tanks korrekt auslitert. Aber welche Werft ändert schon freiwillig die tausendfach gedruckten Prospektangaben, wenn so eine runde Zahl wie 400 Liter einfach besser aussieht als 347 Liter? Im folgenden ein paar Beispiele:

TIP

Mehr Reserve bei Wasser und Treibstoff sind Verkaufsargumente, die sich keine Werft entgehen läßt. Es ist deshalb sicher kein Fehler, wenn man im Kaufvertrag Tankvolumen, Baumaterial und Pumpenstärke präzise auflistet und bei der Bootsübergabe nachmißt, bevor man die letzte Zahlung aushändigt. Für die meisten Langstrecken-Segler bedeutet ein geringeres Tankvolumen eine klare Komfort- und Wertminderung, auf die man reagieren muß.

1) Bei einer holländischen Stahlyacht fehlten 165 Liter zur vertraglich festgelegten 600-Liter-Frischwasser-Tankgröße. Dafür war der Treibstofftank um 140 Liter reichlicher ausgefallen als bestellt. Die Werft lehnte eine Ausgleichszahlung ab, weil die Arbeit dieselbe war (Schweißarbeiten für die Tanks). Das kann man zur Not akzeptieren.

2) Bei einem dänischen Motorsegler paßten nur 210 Liter Wasser in den Tank statt der bestellten 300 Liter. Der Treibstofftank war zudem ein Fünftel zu klein. Die Werft lehnte einen Wertausgleich mit der fadenscheinigen Begründung ab:»Die Segeleigenschaften unserer Yacht verbessern sich mit geringerem Innenballast, und deshalb können Sie froh über jede Gewichtsersparnis sein.« Zum Prozeß kam es nicht, weil die Werft bald darauf Konkurs anmelden mußte. Bei dieser Yacht standen über 50 weitere Mängel an, die nicht zur Zufriedenheit des Käufers behoben wurden.

3) In eine zehn Meter lange französische Yacht wurden statt der bestellten Edelstahltanks kurzerhand preisgünstige Kunststoff-Folientanks eingebaut. Nur ein Punkt von 32 Mängeln. Der Händler lehnte eine Nachbesserung ab nach dem Motto: Änderungen in der Serienausstattung sind freibleibend. In der ersten Instanz bekam der Käufer in allen Punkten Recht, der Händler ging jedoch in die zweite Instanz. Das Urteil steht noch aus. Inzwischen meldete die Herstellerwerft Konkurs an, die Nachfolgegesellschaft übernahm die Geschäfte. Eine außergerichtliche Lösung wurde bislang abgelehnt.

4) Auch in kleinen Tanks steckt oft der Wurm. So baute eine renommierte deutsche Werft einen nur 15 Liter fassenden Warmwasserboiler in einer Yacht ein, obwohl ein 50 Liter Boiler bestellt und auch bezahlt worden war. Der 15 Liter fassende Boiler ist für eine Charterbesatzung von acht Mann zum Duschen nicht ausreichend. Gegenargument des Werftvertreters:»Der Platz für den Boiler reicht nur für den 15-Liter-Boiler. Ein Ausgleich kann nicht stattfinden, weil es eine Sonderanfertigung ist.« Nachdem der Eigner nun Fotos

und Beweismittel bereitstellte, kam es doch noch zu einer gütlichen Einigung. Tatsächlich war nämlich in einem Schwesterschiff der 50-Liter-Boiler werftseitig eingebaut worden. Man einigte sich auf kostenlose Nachbesserung, und der Kunde ist mit seiner Yacht zufrieden.

TIP

Wer auf Nummer Sicher gehen will, hebt die angegebenen Tankgrößen in einem gesonderten Schreiben, das Anhang des Kaufvertrags ist, und von beiden Seiten unterzeichnet werden muß, besonders hervor. Begründung: mehrwöchig dauernde Fahrtenziele wie eine Atlantiküberquerung, oder Nutzung als Charteryacht mit maximaler Kojenbelegung und somit ausreichendem Tankvolumen. In diesem Fall muß die Werft alles daransetzen, die vertraglich festgelegten Tankgrößen auch einzubauen. Versagt die Werft, kann der Käufer die Minderung des Kaufpreises verlangen, oder sogar die Wandlung / Rücknahme des Kaufvertrags mit Hilfe eines Rechtsanwalts veranlassen.

14

Qualität durch Zertifikate? – Streitfall CE-Norm

Fast jedes Land hat seine eigenen Qualitäts-Zertifikate. Was davon im Bootsbau zu halten ist, muß jeder selbst für sich entscheiden. Bislang spielte in Deutschland die renommierte deutsche Klassifikationsgesellschaft Germanischer Lloyd die erste Geige. Die angelsächsischen Bootsbauer vertrauten auf den weltweit anerkannten Englischen Lloyd. Die Skandinavier setzten auf ihre hochgeschätzte Norske Veritas Norm, und selbstverständlich bedienten sich die amerikanischen, französischen und viele andere Bootsbauernationen noch weiterer Normen. Jede nationale Klassifikationsgesellschaft war natürlich darauf bedacht, daß möglichst viel Geld durch ihr »Gütesiegel« in die »Vereinskasse« floß.

Große und kleine Werften konnten ihre Produkte nach den jeweiligen Normen bauen, sofern sie dies für wirtschaftlich sinnvoll hielten. Eine Pflicht für die Klassifikation bestand bei privat genutzten Yachten bis etwa 15 Meter Länge nur in wenigen Ländern. In Deutschland wurden viele Yachten unter dem Schlagwort »...gebaut *nach* den Normen des Germanischen Lloyd« werbewirksam an den Mann gebracht. Die Yacht entsprach damit nicht unbedingt den Bauvorschriften der exakten Bezeichnung Class+100A5 des Germanischen Lloyd. Dafür hätte die Werft bei jedem Neubau einen Beauftragten des Germanischen Lloyd mehrfach zur Baubesichtigung heranziehen müssen. Ein teurer Qualitätsnachweis, der für beruflich genutzte Schiffe im Sinne der Sicherheit absolut erforderlich ist.

Im Gegensatz zu Deutschland bestimmte der französische Staat die Fahrtbereichsgrenzen für jede Yacht, gleich welcher Größe. Die höchste Stufe »unbeschränkte Hochsee-Tauglichkeit« konnte durchaus als Qualitätsbeweis angesehen werden, im Sinne der Vereinheitlichung dieser nationalen Normen und zum Schutz der Verbraucher.

Ist nun die neue CE-Norm purer Aktionismus der EU-Bürokraten oder eine längst überfällige Normierung? Faktisch wissen alle Bootswerften sehr genau, wie der Stand der Technik ist. Die renommierten Werften richten sich danach, die Billiganbieter versuchten sich durchzumogeln. »Sinn macht das vorgeschriebene Handbuch über die Installation und Bedienung der wichtigsten Komponenten der Yacht«, argumentiert ein bekannter Schiffsbau-Sachverständiger, »die Mängellisten werden mit der neuen CE-Norm wohl nicht kürzer, dennoch schraubt der Mensch am Boot, und dies muß Stück für Stück kontrolliert werden.«

Der Germanische Lloyd und seine Kollegen werden mit der neuen CE-Norm sicher nicht arbeitslos, im Gegenteil, jetzt gilt es, die vorgeschriebenen Normen auch in der Praxis im Streitfall zu analysieren. Die Gerichte werden garantiert zusätzliche Arbeit bekommen, denn mit Einführung der CE-Norm wird die Bauqualität rechtlich bindend vorgeschrieben. Aus dieser Sicht ist die Position des Käufers eindeutig stärker als in der Vergangenheit, wie einige Beispiele in diesem Buch zeigen. Bislang lag

die Beweisführung über schlechte Bauqualität beim Kunden. Er mußte vor Gericht schlüssig beweisen, daß die Werft geschlampt hatte. Damit ist seit Juli 1997 in der europäischen Wirtschaftsunion Schluß. Es gilt die einheitliche neue CE-Norm. Neue Yachten müssen innerhalb der EU nach der einheitlichen CE-Norm gebaut werden, sonst verliert die Werft ihre Zulassung. Bei Redaktionsschluß des Buches mußten auch gebrauchte Yachten beim Weiterverkauf der CE-Norm entsprechen. Eine unsinnige Forderung der Bürokraten, denn bauartbedingte Veränderungen wie Rumpfverstärkungen sind, bei privaten Yachten nachträglich durchgeführt, schlicht unmöglich. Auf einen Schlag würden nach Schätzungen von Experten mindestens 70 Prozent der gebrauchten Yachten Plastikschrott sein, denn sie erfüllen nicht die CE-Norm.

Kein Gesetz ohne Ausnahme. Wahrscheinlich kann in den kommenden Jahren über Einzelbauten, wie Regattayachten, Selbstbauten etc., ein Schlupfloch oder eine Lockerung der CE-Gesetze erreicht werden. Bemerkenswert ist die Tatsache, daß Deutschlands agilster Europa-Parlamentarier, Ex-

Wirtschaftsminister Martin Bangemann, FDP, jahrzehntelang aktiv Wassersport betrieben, und sogar selbst eine Hochseeyacht ausgebaut hat. Wurde die Masse der gebrauchten Yachten im Gesetzeswerk glatt unterschätzt oder gar verpennt? Für den Neu- und Gebrauchtboote-Handel wirkt die neue CE-Norm wie ein Schock. Die immer populärer werdenden amerikanischen Motor- und Segelyachten dürfen nach derzeitigem Gesetz ohne CE-Plakette nicht in Europa verkauft werden. Gleiches gilt für alle anderen Nicht-EU-Länder wie Formosa, alle ehemaligen Ostblockländer oder auch die Türkei. Handelsbeschränkungen im Gegenzug sind zumindest in den USA wahrscheinlich. Die französischen Großwerften sind in den USA bestens vertreten. Für stark exportorientierte deutsche Werften wie Dehler oder Bavaria sind die CE-Normen außerhalb der EU ein echtes Problem. Auf dem professionellen europäischen Gebrauchtboote-Markt herrscht gespannte Ruhe vor dem Sturm. Wer hat Angst vor den Kontrolleuren der EU? Alle.

Auch gebrauchte Yachten unterliegen der neuen CE-Norm.

15

Mängelliste gegen Rest- zahlung?

Beim Kauf einer neuen Yacht gilt in Deutschland laut BGB (Bürgerliches Gesetzbuch) eine Garantiezeit von einem Jahr. Leider versuchen einige Werftvertreter und Importeure, diese Garantiezeit auf ein halbes Jahr zu verkürzen. Seriöse Händler bestätigen die Garantiezeit von 12 Monaten auch bei ausländischen Yachten! Sie sind dazu verpflichtet, sofern der Handel in Deutschland abgewickelt wird. Eine Verkürzung der Garantiezeit ist nur mit Ihrem schriftlichen Einverständnis rechtens. Achten Sie auf das Kleingedruckte im Vertrag. Prinzipiell gelten 12 Monate, wenn nichts anders ausgehandelt wurde. Der folgende Originalbrief in Auszügen zeigt die Problematik. Der deutsche Käufer einer neuen Yacht aus dem EU-Raum schreibt direkt an die Werft. Der Kaufvertrag wurde zwischen dem deutschen Käufer und dem Importeur in Deutschland abgewickelt. Es gilt also deutsches Recht. Der Käufer schreibt an die Werft:

»... Leider hat uns Herr M. (gekürzt, d. A.) in einigen Punkten nicht wahrheitsgemäß informiert bzw. nur notdürftig beraten. So hat er z. B. den Mehrpreis für die Eignerversion (über 7500 DM, d. A.) verschwiegen. Belogen hat er uns mit der angeblich bevorstehenden Preiserhöhung (wohl der älteste Trick im Bootsgeschäft, d. A.). Problematisch war in diesem Zusammenhang auch die nicht werkseitig abgesicherte Garantiezusage. ...«

Daß solches Geschäftsgebaren keine Seltenheit ist, wird durch das Schreiben eines bekannten Charterunternehmens bestätigt. In Auszügen:

»... Ich finde es sehr bedauerlich, daß Sie sich andersweitig entschieden haben. Ich habe bei meiner letzten Bestellung einer Yacht XY (geändert, d. A.) ähnliche Probleme mit der Firma M. (gekürzt, d. A.) gehabt, wie Sie jetzt. Diese waren aber lösbar. ...«

Die Garantiezeit *verlängert* sich grundsätzlich um die Zeit, die der Händler oder die Werft zur vollständigen Beseitigung der Mängel braucht. Daraus ergeben sich oft langwierige Streitereien, denn letztlich kann der Kunde den Kauf sogar rückgängig machen. Das BGB spricht von Wandlung, sofern der Händler oder die Werft berechtigte Mängel nicht in einer angemessenen Zeit beheben kann. Ein klarer Fall für den Rechtsanwalt.

Grundsätzlich müssen Sie alle Mängel per Einschreibebrief mit Rückschein ordnungsgemäß der Werft/dem Händler mitteilen, damit Gelegenheit zur Nachbesserung gegeben wird. Kleinere Probleme wird der Werftvertreter bei der Auslieferung vor Ort beheben. Bei gravierenden Mängeln sollten Sie allerdings einen Rechtsanwalt konsultieren, denn wie der authentische Fall weiter unten zeigt, kann sich die Nachbesserung zu einer irrwitzigen Angelegenheit entwickeln.

Mängellisten sind das »dicke Ende« für jeden Bootshändler und den Kunden. Nicht wenige Kunden versuchen hier noch ein paar tausend Mark herauszuschlagen. Andererseits gibt es wohl kein neues Schiff ohne berechtigte Mängel, und sei es nur ein undichtes Luk oder eine schwergängige Schaltung, die ein gewiefter Bootsbauer an einem Vormittag ausbessert.

Hier sei noch vermerkt, daß der richtige Ton zwischen Kunde und Werftverteter letztlich beiden Seiten nutzt.

Im nachfolgenden Fall geht es um den Kauf und die Beseitigung von Mängeln an einer fabrikneuen 35 Fuß langen Yacht aus Skandinavien. Der Auftragswert belief sich auf über 280 000 DM. Festzuhalten ist, daß der deutsche Kunde seit über 25 Jahren segelt und bislang drei skandinavische Yachten zu seiner Zufriedenheit gekauft hatte. Bei der vierten Yacht gab's dicken Krach.

Während der Übernahmefahrt vom dänischen Gedser nach Deutschland stellte der Käufer im Beisein des Werftverteters lt. Protokoll seines Anwalts die Mängel 1 - 29 fest. Im Hafen von Damp 2000 angelangt, wurde die Mängelliste im Beisein des hinzugezogenen Hafenmeisters Peter B. auf die Ziffern 33 - 62 erweitert! Schließlich wurden 69 Mängel am Boot aktenkundig festgehalten. Nach langen Telefonaten hin und her versprach die Werft die Mängelbeseitigung zum frühest möglichen Termin. Der Käufer hatte zu seinem Glück eine Restzahlung zurückbehalten. Was dann im Hafen von Damp 2000 einige Tage später ablief, ist schon filmreif. Der Geschäftsführer der Werft ließ sich vom nichts ahnenden Hafenmeister den Schlüssel zur Yacht aushändigen, weil er eine Inspektionsfahrt vornehmen müßte, damit die Mängel beseitigt werden könnten. Statt in den Hafen zurückzufahren, ging die Fahrt schnurstracks in dänische Gewässer. Das kam dem Hafenmeister spanisch vor. Er rief beim Käufer umgehend an und dieser alarmierte die Wasserschutzpolizei Flensburg. Dies war jedoch erfolglos, wie der Rechtsanwalt in der Klageschrift schreibt, da sich der Geschäftsführer mit dem Boot bereits in dänischen Hoheitsgewässern befand. Die Anklageschrift hält weiter fest:»Der Geschäftsführer wollte mit seiner unerlaubten Handlung offensichtlich ausschließlich bewirken, daß er die von ihm angestrebten Zahlungen (zurückbehaltene Restzahlung, d. A.) erhielt, ohne seinerseits seine hierfür erforderlichen Leistungen zu erbringen.« Es würde hier zu weit führen, die nachfolgenden außergerichtlichen

Vergleichsversuche noch näher zu beschreiben. Letztlich mußte der Käufer die Restzahlung leisten, damit er die Ferien mit dem neuen Schiff antreten konnte. Ein Teil der Mängel wurde auf der Werft beseitigt, aber die wirklich zeit- und kostenintensiven Nachbesserungen fanden nicht statt. Der Rechtsanwalt des Käufers schrieb folgende Zeilen ans Gericht:»Zum anderen steht zu befürchten, daß die Beklagte (die Werft, d. A.) bis zum Zeitpunkt des rechtswirksamen obsiegenden Urteils illiquide ist. Diese Befürchtung kann aus der unerlaubten Handlung des Geschäftsführers geschlossen werden. Ein zahlungskräftiges Unternehmen würde nicht mit Mitteln, wie sie die Beklagte eingesetzt hat, arbeiten, um zu Geld zu kommen.« Bingo.
Das Ende vom Lied kennt jeder »Verlierer«. Die Werft ging ein Jahr später, noch vor Prozeßende, in Konkurs. Sämtliche Kosten der Mängelbeseitigung nebst Rechtsanwaltskosten und Gerichtsgebühren, sowie Handlingsgebühren von Transporteuren etc. mußte der Geschädigte aus eigener Kasse bezahlen. Der Werftbesitzer ist unauffindbar nebst Gattin und weißem Pudel.

78

TIP

Mündliche Versprechungen des Verkäufers sind ihr Geld nicht wert und glatte Zeitverschwendung. Erfahrene Käufer lassen sich die Versprechungen im Kaufvertrag schriftlich bestätigen. Seriöse Werften kommen mit folgenden Abmachungen klar. Verweigert der Werftvertreter z. B. den Passus über den korrekten Liefertermin, steht für den Autor fest, daß dieser Termin zumindest fraglich ist.
Nachfolgend noch ein paar wichtige Floskeln für den Vertrag:

1. Der Kaufpreis ist ein Festpreis.

2. Die Gewährleistungspflicht endet am ... (Datum zwölf Monate nach fehlerfreier Auslieferung).

3. Dem Käufer wird ca. zehn Tage vor Auslieferung das Recht der technischen Überprüfung aller im Vertrag enthaltenen Teile eingeräumt. Die Testfahrt erfolgt unter Verantwortung des Verkäufers.

4. Alle Kosten, die durch Nichteinhaltung des Liefertermins entstehen, gehen zu Lasten des Verkäufers. Aus welchen Gründen auch immer die Lieferung sich verzögert, ist eine Konventionalstrafe von DM 100.-/Tag vom Verkäufer zu bezahlen.

5. Der Käufer ist berechtigt, einen Sachverständigen zu beauftragen, der jederzeit Zugang zum Schiff hat und den Bauverlauf feststellen kann.

6. Die Bankbürgschaft ist zeitlich unbegrenzt und erlischt gegen Rückgabe der Bürgschaftsurkunde.

16

Schwarzes Geld und weiße Westen

Der leicht graumelierte Pizzabäcker aus dem Schwäbischen fährt einen Ferrari 512 M zum Listenpreis von 332 000 DM und einen Mercedes S 600 für 226 435 DM. »Bei Geschäftsfreunden würde der Ferrari nur Neid erwecken, deshalb brauche ich den Mercedes«, argumentiert der freundliche Herr mit einem leichten Lächeln. Zum Wassersport fühlt sich dieser feine Herr schon von Kindesbeinen an hingezogen. So nimmt es nicht Wunder, daß seine etwa 2,7 Millionen Mark teure Motoryacht zu einem beliebten Foto-Objekt von Touristen und auch der Steuerfahndung wurde. Zwei Ehefrauen hat er schon verschlissen, die Dritte steht ante portas. Sein Lokal faßt gerade mal 21 Gäste, die Pizza ist vorzüglich. Ein sympathischer Mensch, nur, wo kommt das viele Geld her?

Das überlegten sich auch die Steuerfahnder aus der Region Venedig und brachten über ein Amtshilfebegehren bei den württembergischen Kollegen das Faß zum Über-

laufen. Jetzt ist die Pizzabäckerei dicht, und Giovanni F. sitzt wegen Steuerverkürzung für drei Jahre im Knast.

Aufgeflogen ist das Ganze über das deutsche Bootsregister. Fährt ein italienischer Landsmann mit einer in Deutschland registrierten Luxus-Yacht im Mittelmeer spazieren, blinkt der Computer der Guardia Finanza. Daß Ehefrau Nr. 1 beim Prozeß aus dem Familienleben geplaudert hat, versteht sich von selbst, denn auch die Beihilfe zur Steuerverkürzung ist strafbar. Obendrein verzeiht keine Frau eine Nebenbuhlerin auf dem eigenen Boot.

Auch hierzulande prüfen die deutschen Steuerfahnder immer wieder Bootsregister und schnappen sich so manchen »Normalverdiener«, der sich eine Yacht leistet, die nicht in das »Einkommensraster« paßt. Gebrauchtwagenhändler mit der Vorliebe für schwimmende Barockschlösser auf dem Wasser wurden in den letzten Jahren gezielt von den holländischen Behörden observiert, erzählte uns ein

Betroffener. Er zahlte doppelt nach und fährt nun mit dem Kreuzfahrtschiff übers Meer. »Hier wird auch viel schwarzes Geld unter die Leute gebracht, aber keiner regt sich auf«, erklärt uns der keinesfalls Geläuterte an seinem Stammtisch bei Düsseldorfer Altbier.
Die Zeiten sind wahrlich härter geworden. Die Lust auf dem Schwäbischen Meer zu schaukeln ist schon vielen Yachties zum Verhängnis geworden. Rund um den Bodensee herrscht ein reger Datenaustausch zwischen den Anrainerstaaten Schweiz, Österreich und Deutschland. Kenner der Materie behaupten, daß jedes Boot über 100 000 Mark Zeitwert bei der Registrierung besonders erfaßt und den zuständigen Finanzämtern eine Kontrollmitteilung übersandt wird. Die Sache ist nicht zu 100 % bewiesen, aber wie einige Urteile in Steuerfragen zeigen, kennen sich die Finanzämter ganz gut über die tatsächlichen Kosten diverser Yachten aus.
Wer im fernen Amerika ein Boot registrieren läßt, kann absolut sicher sein, daß ähnlich wie bei deutschen Hausbesitzern in Florida, unsere Finanzbehörden davon erfahren.
Auf ganz glattes Eis begeben sich

Hübsch anzusehen, aber in der Sache knallhart: amerikanische Zollbeamtin.

jene Bootskäufer, die auch nur andeutungsweise beim Verkäufer den Eindruck erwecken, daß sie am liebsten mit Barem aus der »schwarzen Kasse« bezahlen möchten. Mit Nachbesserungen am ausgelieferten Schiff ist da nicht viel drin, es sei denn, man hat die Figur von Arnold Schwarzenegger.
So schrieb ein Rechtsanwalt für seine Mandantin in einem Prozeß gegenüber der Werft folgende Originalzeilen an das Gericht: »... statt

dessen versuchte sie (die beklagte Werft, d. A.) ... Maßnahmen (Mängelbeseitigung, d. A.) mit der Drohung abzuhalten, sie (die Beklagte, d. A.) werde bekannt machen, daß der Ehemann der Klägerin das Boot mit Schwarzgeld habe bezahlen wollen ...« Zu seinem Glück konnte der so raffiniert erpreßte Bootskäufer den lückenlosen Beweis vor Gericht erbringen, daß alle Zahlungen mit versteuertem Geld beglichen wurden. Deshalb:

TIP

Bei jeder Barzahlung gegenüber der Werft sollte man auf einen Beleg mit Unterschrift achten.

Im obigen Fall ging es nur um eine A-Kontozahlung für zusätzliches Zubehör, das der Werftvertreter über ein großes Hamburger Bootszubehörgeschäft besorgen wollte. Dieses Zubehör wollte er vorab bezahlt haben. Daraus konstruierte er, nachdem Mängel am ausgelieferten Schiff offenkundig wurden, eine ihm offerierte Zahlung mit »schwarzem Geld«. Ganz offensichtlich wollte er die Mängelrügen vom Tisch wischen. Letztlich ging die Werft Pleite, und der adelige Werftbesitzer verschwand vor Prozessbeginn in den sonnigen Süden nebst Gattin und Tochter, die pikanterweise Juristin ist.

17

Änderungswünsche bei Serienyachten

Segler sind Individualisten mit sehr konkreten Vorstellungen vom »idealen Fahrtenschiff«. Weil Einzelbauten kaum erschwinglich sind, versucht wohl jeder Kaufinteressent, seine eigenen Vorstellungen in die neue Serienyacht einzubringen, die er kaufen möchte. Was aber ist technisch sinnvoll, wo kranken die vielleicht etwas überzogenen Wünsche des Kunden? Im nachfolgenden Fall akzeptierte die Werft alle Änderungen gegen einen geringen Aufschlag. In der Auflistung geht es um die Argumente in einem Schadenersatz-Prozeß, den ein frustrierter Eigner letztlich gegen die Werft anstrengte. Es handelt sich um eine 37 Fuß große Segelyacht mit eingedecktem Steuerstand. Der Wert dieser Yacht beläuft sich auf knapp 500 000 Mark, oberste Preiskategorie in dieser populären Größe. Bislang wurden 36 Yachten von diesem Typ ausgeliefert. Die Werft ist ein mittelständischer Betrieb mit etwa 90 Angestellten.

Die Wünsche für Änderungen betrafen 32 Details. Die wichtigsten Punkte bekam der Kunde bei Auftragserteilung bestätigt. Hier eine Auswahl, die zum Streit führte. Die Formulierung der Änderungswünsche wurde wie folgt im Kaufvertrag festgehalten:

■ Salon. Sitzbank und Bodenpodest 20 cm höher legen. Weil der Eigner und seine Frau relativ kleinwüchsig sind, wollten sie im höhergestellten Salon freie Sicht durch die großzügige Verglasung haben. Die Werft führte diesen Wunsch nicht aus, weil der Einrichtungsplan dann nicht mehr »paßte«. Alle »Möbel« hätten neu gezimmert werden müssen. Ein ruinöses Geschäft für die Werft. Der Autor meint: Der Werftbesitzer hätte dem Kunden diesen Umstand schon bei Auftragsannahme mitteilen müssen und einen Kompromiß-Vorschlag einbringen können.

- *Schräge der Rückenwand im Cockpit steiler ausrichten.* Die Werft führte die Änderung nicht durch, weil dazu eine neue Negativform des Cockpits nötig gewesen wäre, und die kostet ein enormes Geld. Der Autor meint: Auch diese Änderung ist im Kunststoff-Serienbau nicht praxisgerecht. Die Werft hätte allerdings den Kunden darüber vorab informieren sollen, als Kompromiß wären Sitzbänke mit der gewünschten Neigung auch aus Teak eventuell sinnvoll gewesen.

Zusätzliches Bücherbord. Typische Änderung gegenüber der Serienausstattung.

- *Verlegung des Niedergangs 10 - 20 cm nach Steuerbord* Die Werft ging auf diese Änderungsvorschlag ein, obwohl jeder

Bootsbaulehrling im ersten Lehrjahr weiß, daß solche Änderungen nur über eine neue Negativform im Kunststoffbau möglich sind. Die Sache rechnet sich nicht. Letztlich verschwieg die Werft diesen Umstand und hoffte auf eine reibungslose Abnahme der Yacht. Pech gehabt: Der Kunde wollte 3000 Mark Minderung. Der Autor meint: Streitereien um solche Details können schon bei Auftragsvergabe vermieden werden. Die 3000 Mark hohe Forderung ist allerdings überzogen.

- *Kartentisch. Statt Querversion Längsversion* Die Werft zimmerte einen neuen Kartentisch, der in der Längsversion allerdings nicht mehr dem bekannten deutschen Seekartenformat entsprach. Der Kunde lehnte diesen »kleinen« Kartentisch ab und pochte auf Nachbesserung. Der Autor meint: den Ärger hätte man sich bei Auftragserteilung sparen können. Hier wurden nicht präzise genug die Abmessungen festgehalten. Auf dem Ausstellungsboot war ein querliegender Kartentisch eingebaut.

- *Pantry. Kein Resopal, möglichst Fliesen.*
Die Werft ließ es beim Resopal der Serienproduktion bewenden, und der Kunde fühlte sich betrogen, weil man ihm keine Nachricht darüber zukommen ließ. Der Autor meint: Die Formulierung im Kaufvertrag war zu indifferent formuliert. Die Werft sah sich nicht wirklich genötigt, dem Wunsche nachzukommen. Eine Nachbesserung wäre jederzeit möglich gewesen.

- *Haltegriffe und Handläufe im Schiff montieren.*
Die Werft montierte nur zwei Handläufe im Salon. Weder in der Pantry noch in der Toilette und im Durchgang zum Vorschiff wurden die so wichtigen Handläufe angebracht. Eine nachträgliche Montage lehnte die Werft wegen der verschraubten Innenschale ab. Der Autor meint: Man kann von einer renommierten Werft ein gewisses Mindestmaß an seemännischem Know How erwarten. Dennoch reicht die Bestellung, siehe oben, für die richtige Anzahl und Plazierung der Handläufe nicht aus. Die Ausrede mit der verschraubten GFK-Innen-

schale hätte sich die Werft sparen können. Auf dem Ausstellungsboot waren zahlreiche Handgriffe und Handläufe praxisgerecht montiert.

- *Elektrische Ankerwinsch, CQR-Anker und 70- Meter-Kette im Stauraum.*
Eingebaut wurde eine leistungsschwächere elektrische Ankerwinsch für eine 8-Millimeter-Kette. Statt der vorgesehenen 70 Meter langen und zehn Millimeter starken Kette paßten nur 50 Meter einer acht Millimeter starken Kette in den Ankerkasten. Zudem entsprach der gewählte Anker nicht den Empfehlungen des Deutschen Seglerverbands. Auf der Bootsmesse war das stärkere Ankergeschirr eingebaut. Der Kunde pochte auf Nachbesserung, die Werft lehnt ab, weil der Streit eskalierte. Der Autor meint: Über so wichtige Details der Sicherheitsausrüstung muß vor Kaufabschluß Klarheit herrschen. Der Werftvertreter meinte vor Gericht: »Die anderen Kunden waren mit dem kleinen Ankergeschirr zufrieden.« Eine treuherzige Einstellung, die niemanden glücklich macht.

85

■ *Luken im Salon zum Öffnen.*
Die Werft montierte die festver-
schraubten Standard-Luken und
baute ein zusätzlich gewünschte
Klappluk über dem innenliegen-
den zweiten Steuerstand ein. Der
Kunde bestand wegen der Hitze
am Mittelmeer auf sechs zu öff-
nenden Front- und Seitenluken im
Deckssalon. Die Werft lehnte die
Nachbesserung aus Sicherheits-
gründen ab – Wasserschlaggefahr.
Der Autor meint: Mit etwas gutem
Willen hätte die Werft nachbes-
sern können, das Risiko eines
Wassereinbruchs trägt der Kunde.

■ *Polster zum Reinigen abnehmbar.*
Der Kunde wollte Polster mit
Reißverschlüssen. Die Werft verzichtete bei den kleineren Polstern auf die filigranen Reißver-
schluß-Vernähungen und der Kunde reagierte sauer. Der Autor
meint: Nachträglich ließ es sich
nicht beweisen, daß auf dem Ausstellungsboot Reißverschlüsse an
jedem Polster vorhanden waren.
Mit etwas gutem Willen hätte die
Werft nachbessern können.

■ *Holzverkleidung von Seitenwän-
den und Decke.*
Nackter Kunststoff blendete den
geschockten Eigner, als er seine
neue Yacht besichtigte. Die
Werft verwies auf nicht »melde-
pflichtige« Änderungen in der
Serienausstattung und lehnte eine Nachbesserung ab. Der Autor
meint: Ein dicker Hund ist hier
begraben. Der Kunde kann zu
Recht auf Nachbesserung po-
chen. Die Beschreibung der
Holzverkleidung hätte allerdings
präziser abgefaßt werden sollen,
z. B. »Holzverkleidung an Seiten-
wänden und Decke wie im Ausstellungsboot, Düsseldorf 199X.
Siehe beiliegende Detailfotos.«

■ *Gasflaschenbehälter für zwei
Flaschen mit Regler und Abfluß
am tiefsten Punkt außenbords.*
Hört sich präzise an, aber die
Größe der Gasflaschen wurde im
Kaufvertrag nicht festgehalten.
Die Werft baute eine einzelne 11-
Kilo-Flasche ein. Damit war der
Kunde nicht einverstanden. Er
verlangte zwei Gasflaschen mit
jeweils mindestens 5 kg Inhalt.
Zwei Flaschen hielt er für nötig,
weil dann die Vorratslage leichter überprüft werden kann. Man
einigte sich auf einen Preisnachlaß von 150 Mark. Der Autor
meint: Von der Sache her ist die
2-Flaschen-Anlage sinnvoll, der
Preisnachlass ist okay.

Als Resümee kann festgehalten werden, daß sich die Werft unbedingt den Kaufvertrag sichern wollte und daher auch überzogene Änderungswünsche vordergründig klaglos akzeptierte. Kein Einzelfall, wie die Gerichtspraxis zeigt. Andererseits kann der Kunde bei einer mittelständischen Werft, die hochkarätige und teure Yachten herstellt, ein besonderes Entgegenkommen für Änderungswünsche gegenüber der Serienproduktion erwarten.

Vor Gericht klagte der Kunde 60 000 Mark Minderung ein. Es kam zum Vergleich mit 20 000 Mark zzgl. der hälftigen Gerichts- und Anwaltskosten.

18

Auslieferungstermin überzogen

Die Familie sitzt auf den gepackten Seesäcken. Der Hund ist versorgt, dann der Anruf von der Werft: »Leider hat uns ein Zulieferer im Stich gelassen, geben Sie uns noch ein Woche Zeit, dann können Sie beruhigt in See stechen.« Die Kinder sind tief enttäuscht, die Gattin den Tränen nahe, und Sie selbst bewahren nur mühsam Haltung. Warum muß gerade mir das passieren? Nur ruhig Blut. Das passierte schon vielen altgedienten Yachties. Bei keinem unserer bislang sieben Yachten wurde der Auslieferungstermin auf den Tag genau eingehalten. Terminüberschreitungen von sieben Tagen sind die Norm, meist waren es zehn bis 14 Tage, und einmal mußten wir uns auf 192 Tage »verlorene« Zeit einstellen. In diesem Fall ließen wir uns allerdings den Innenausbau nach unserem eigenen Geschmack fertigen, und dies hat fast immer zu Lieferverzögerungen geführt. Ein aktenkundiges Beispiel, das leider kein Ausreißer ist:

Der Kunde Wolfgang F. schreibt an seine Werft an der Ostsee folgenden Brief: »... Ursprünglich wollten Sie unser Boot, siehe Schreiben vom 21. November, zur Bootsausstellung in Düsseldorf fertig haben. (Termin Ende Januar, d. A.). Dann verschoben wir den Liefertermin auf März mit der Begründung, mit mehr Ruhe und Sorgfalt arbeiten zu können. Danach schreiben Sie uns am 16. Dezember, Sie hätten vergessen, daß wir ein Teakdeck über das gesamte Boot wollten, deshalb würde es evtl. 14 Tage länger dauern. (Der Werftbesitzer vergißt ein teures Teakdeck? Für wie dumm schätzt dieser Mensch seine Kundschaft ein? d. A.). Darauf einigten wir uns auf die Woche 16 (Mitte April, d. A.). Sie wollten versuchen, eine Woche früher fertig zu sein, aber da Sie Ihre Zusagen 100%ig halten wollten, vorsichtshalber die Woche 16 als Liefertermin festlegen. Dann teilen Sie uns mit, Sie würden unser Boot eine oder zwei Wochen später, d. h. spätestens in der 18.

Ablieferungstermin überzogen? Neue Yachten werden bevorzugt an Chartergesellschaften ausgeliefert.

Woche, ausliefern. Jetzt, bei der Besprechung am 5.4.1991 erfuhr ich so nebenbei, daß unser Boot erst Mitte Mai ausgeliefert würde.«

Halten wir fest: Der ursprünglich zugesagte Liefertermin wurde schon zum Zeitpunkt dieses Briefes um mehr als fünf Monate überzogen. Aus Kapazitätsgründen war die Werft gar nicht in der Lage, die 35-Fuß-Yacht pünktlich auszuliefern. Tatsächlich fand die Abnahmefahrt dann erst im September statt. Ein Wertausgleich konnte nicht geltend gemacht werden, weil die Werft, die immerhin über 300 Yachten hergestellt hatte, Konkurs anmeldete.

Fast keine Probleme zeitlicher Art sind bei den führenden Sportboot-Werften wie Dehler und Bavaria in Deutschland zu erwarten. Sonderwünsche können dort jedoch auch nur im bescheidenen Umfang befriedigt werden. Die durchrationalisierte Serienfertigung geht vor. Weshalb ist die Yacht nicht zum vertraglich vereinbarten Termin startbereit? Ganz nüchtern betrachtet sind die meisten Werften immer noch handwerklich ausgerichtete mittelständische Betriebe, die auf Gedeih und Verderb von einzelnen, höher qualifizierten Mitarbeitern getragen werden. Auch kleinere Werften sind bei guter Führung durchaus in der Lage, die Termine einzuhalten. Die in Seglerkreisen hochgeschätzte schwedische Malö-Werft liefert im Jahr nur etwa 25 Yachten aus. Bislang wurden die zugesagten Termine immer eingehalten. Der eine oder andere Segler lief zur weniger gut ausgelasteten Konkurrenz. Letztlich spricht sich die Zuverlässigkeit der Werften in Seglerkreisen immer herum.

Das Abhängigkeitsverhältnis von qualifizierten Mitarbeitern kann so weit gehen, daß nur ein Mann im Betrieb elektronisches Zubehör fachgerecht installieren kann. Dieser Experte muß zudem Mängel an schon ausgelieferten Yachten beheben. Das kostet viel Zeit und Geld, und verzögert letztlich die Auslieferung Ihrer Yacht.

Jetzt müssen Sie handeln. Drei Szenerien bieten sich an:

1) Ich akzeptiere klaglos den späteren Übergabetermin und versuche in einem persönlichen Gespräch einen gewissen Wertausgleich zu erhalten.

2) Ich übernehme zur Rettung der Ferien das »halbfertige« Schiff unter Vorbehalt und Ausschluß der Endzahlung, und lasse nach dem Urlaub nachbessern. Ein kulantes Entgegenkommen setze ich bei der Werft voraus.

3) Ich stelle mich auf die Hinterbeine und drohe rechtliche Schritte mit Schadenersatzansprüchen an, und verfolge sie mit allen Konsequenzen.

Problemlösung 1) hat wohl bei den meisten Käufern letztlich zum Erfolg geführt. Ich bekam vier zusätzliche Fender, vier Belegleinen und die Segelpersenning ohne Berechnung mitgeliefert. Die Terminüberschreitung betrug allerdings nur eine Woche, und das Boot war knapp sieben Meter lang. Problemlösung 2) ging bei einer kleinen norddeutschen Werft ohne böse Worte einwandfrei über die Bühne. Ich verzichtete auf den Betrieb des 9-PS-Dieselmotor, weil die Welle nicht fluchtend eingebaut war und auch sonst einige Details bei der Motorinstallation Mängel aufwiesen. Dafür behalf ich mir während der Ferien mit einem von der Werft kostenlos zur Verfügung gestellten Außenborder an der knapp neun Meter langen Yacht. Wir hatten eine schöne Zeit an der deutschen Ostseeküste, und alle Mängel wurden zu unserer Zufriedenheit nach den Ferien behoben. Für einen Nordseetörn hätte ich den Außenborder allerdings nicht akzeptiert.

Bei unserer letzten 37-Fuß-Ketsch verzögerte sich die Auslieferung über 192 Tage. Hier kamen auch Transportverzögerungen zum Tragen. Zudem hatte ich auf zahlreichen Sonderwünsche beim Kauf bestanden, und fast jeder Sondereinbau verschlingt kostbare Zeit. Wir rechneten mit Lieferverzögerungen und handelten letztlich eine komplette zweite Segelgarderobe zum Nulltarif aus. Wert: über 15 000 Mark.

Problemlösung 3) kann den Spaß am Boot gründlich verderben, wie weiter unten geschildert wird. Dabei ist folgendes Prozedere anzuraten: Sie verlassen sich nicht nur auf Ihr Fax, sondern schicken ordnungsgemäß einen Einschreibebrief mit Rückschein an die Werft. Sie listen darin sämtliche Kosten auf, die sich aus der Terminüberschreitung ergeben. Darin enthalten sind die Kosten einer gleichwertigen Charteryacht, die Sie wegen der Terminüberschreitung sonst buchen werden. Sie erwarten eine umgehende Lösung des Problems binnen dreier Tage, ansonsten übergeben Sie die Sache Ihrem Rechtsanwalt.

Aller Wahrscheinlichkeit nach werden Sie mit Lösung Nummer 3 die Fertigstellung etwas beschleuni-

gen, aber die Erfahrung zeigt, daß die Mängelliste um so größer sein wird, je intensiver Sie »gebohrt« hatten. Die Kapazität der Werft und ihrer Mitarbeiter stößt bei Auslieferungsterminen wie Pfingsten oder Beginn der Sommerferien einfach an die Grenzen der Machbarkeit. Die Bootsübergabe sollte deshalb nach unseren Erfahrungen im Spätherbst vor den Bootsausstellungen, oder bis Ende März erfolgen. Auch unmittelbar nach der Bootsschau von Friedrichshafen, Hamburg oder Düsseldorf ist freie Zeit für Auslieferungen.

Dennoch schlagen immer mehr Käufer diesen Weg ein. Hier das sinnige Schreiben eines Rechtsanwalts aus Bochum: »... vielen Dank für die übersandten Unterlagen. Ich bin bis jetzt zwar nur dazu gekommen, sie zu überfliegen, aber schon der erste Blick zeigt mir, daß Sie ein würdiges Mitglied in der Familie der M.-Werft-Geschädigten sind ...« (eine dänische Motorseglerwerft d. A.). Die Terminüberschreitung der M.-Werft-Geschädigten betrug oft mehr als ein halbes Jahr. Mängellisten mit über 70 Punkten waren keine Seltenheit, trotz dieser vermeidbaren Terminüberschreitungen.

19

Der Transporteur will Bargeld sehen

Die Sonne lacht vom Himmel, eine sanfte Brise weht über die Marina, und hier steht Ihr neues Boot hoch oben auf der Ladeplattform des 40-Tonnen-Lasters. Stolz erfüllt Sie, die Mühe und Warterei auf die pünktliche Auslieferung hat sich gelohnt. Leider kippt die beschauliche Stimmung schnell ins Gegenteil um, wenn der ziemlich geschaffte Trucker Geld sehen will. Weit mehr, als Sie geplant haben. Die sogenannten Bereitstellungskosten für die Auslieferung der Yacht sind ein ziemlich dehnbarer Begriff und letztlich oft die Ursache für endlose verbale Streitereien, die häufig zu Lasten des völlig unschuldigen Transporteurs gehen. Der Mann hat seinen Job getan und kann von Ihnen, sofern kein hieb- und stichfester Vertrag vorliegt, sämtliche Zusatz- und Nebenkosten des Transports an Ort und Stelle verlangen. Als da sind Anfahrtskosten zur Werft, Autobahn- und Mautge-

bühren im Ausland, Begleitfahrzeug-Kosten, sofern vorgeschrieben, die teure Transportversicherung, Transitgebühren, zollamtlicher Papierkram, die Arbeitszeit der zollamtlichen Abwicklung, schließlich Krangebühren, Standgebühren im Hafengelände, Verpflegungs- und Übernachtungspauschale für den Fahrer und eventuell auch des Beifahrers. Schließlich werden Telefonate, Faxgebühren und weitere kleinere Posten in Rechnung gestellt. Auch die Leerfahrt zurück muß natürlich bezahlt werden. Viele Kunden akzeptieren in den Kaufverträgen den Passus: »Transportkosten zum Auslieferungshafen werden gesondert in Rechnung gestellt.« Oder: »Circa-Bereitstellungskosten DM 6 000.-, zahlbar bei Übergabe der Yacht.« Mit dieser pauschalen Kostenübernahme verwirkt der Kunde selbstverständlich erscheinende Serviceleistungen und Zugeständnisse der Werft. Die Werft kann einen weit teureren Transporteur beauftragen, bei dem dann 2000 Mark Provision an die Werft abgehen. Der unwissende Kunde wird schon zahlen. Deshalb sind mündliche Absprachen unsinnig, wie das Beispiel weiter unten zeigt.

TIP

In meinen Kaufverträgen stand bislang immer: »Bootsübergabe segelfertig aufgeriggt und sicherheitstechnisch auslaufbereit fertiggestellt für die gemeinsame Abnahmefahrt am ... (Datum, d. A.).« Dafür handelte ich keinen besonderen Bereitstellungskosten-Preis aus, ganz im Gegenteil war die Bootsübergabe einfach Bestandteil des Kaufvertrags. Die Werft konnte sich einen teuren oder preiswerten Transporteur aussuchen und war zudem in der Pflicht, sämtliche Nebenkosten, wie längere Liegeplatzzeiten durch Nachbesserungsarbeiten, höhere Krangebühren etc. zu bezahlen. Für diese Leistungen darf die Werft durchaus eine Summe im Kaufvertrag einrechnen, aber nachträgliche, nicht überprüfbare Zusatzforderungen über den Rücken des Transporteurs und des Kunden sind ungesetzlich und eine Zumutung, die man nicht akzeptieren muß.

Aber daß auch diese Regelung nicht unbedingt zuverlässig vor überraschenden Mehrkosten schützt, weil es eine solche Regelung einfach nicht gibt, zeigt das Beispiel zweier mir bekannter Segler, die meine oben genannte Formulierung gleichfalls in ihrem Kaufvertrag stehen hatten. Hier ein paar Auszüge aus dem Gerichtsprotokoll des ersten Kunden: »... das Boot glich einer Baustelle (auf der Werft vor dem Transport, d. A.). Gegen 15.00 Uhr räumte der Geschäftsführer der Beklagten (die Werft, d. A.) endlich ein, daß die Übergabe doch nicht stattfinden könne. ... Der Tieflader war bereits nach Damp 2000 unterwegs. Der Transporteur hatte am Morgen noch bei der Werft angerufen, um zu erfahren, ob der Transport wie verabredet duchgeführt werden könne. Dies wurde ihm ausdrücklich bestätigt.«
Die Sache eskalierte. Der Rechtsanwalt formulierte: »Als der Fahrer des Transporteurs eintraf und erklärte, er müsse für die Leerfahrt Geld verlangen, behauptete der Geschäftsführer der Werft, weder deutsches Geld noch einen Scheck bei sich zu haben. Daraufhin entspann sich ein Streit zwischen dem Geschäftsführer der Werft

Der Transporteur trifft ein. Jetzt muß der Eigner bezahlen.

und dem Fahrer der Firma S. (Name gekürzt, d. A.) Um den in Bälde erhofften Transport zu sichern, verbürgte sich der Kunde, für die Kosten der Leerfahrt aufzukommen.« Damit war die Kuh aber noch lange nicht vom Eis.

Ring frei zur zweiten Runde: »Anläßlich der Herausgabe des Bootes mußte der Kläger an die Firma V. (Name gekürzt, d. A.) Spezialtransport APS DM 490.- für die Verladung des Bootes auf den LKW der Firma S. bezahlen. Für die Bemühungen der Firma S. wurden dem Kläger insgesamt 3 719.-, also DM 1 769,50 mehr, als bei ordnungsgemäßer Übergabe zu zahlen gewesen wäre, berechnet.«

Auch der Transport der Yacht nach Holland ging nicht ohne Gelcoatschäden am Rumpf durch eine unsachgemäße Verzurrung, sowie starke Verschmutzungen durch Teerspuren auf dem 25 000 Mark wertvollen Teakdeck ab. Ein holländischer Sachverständiger bezifferte den Schaden auf 3 500 DM, den weder die Werft, noch der von der Werft beauftragte Transporteur übernehmen wollten. Letztlich mußte der Kunde für die höheren Transportkosten, die Beschädigungen und die Verzögerungen selbst aufkommen, weil sich die Werft bald als zahlungsunfähig bezeichnete.

Ein mir bekannter Segler sah sich

mit folgendem Vorgehen auf der sicheren Seite, wie sein Rechtsanwalt bei einem Mahnschreiben gegen die Werft festhält: »Anschließend veranlassen Sie (die Werft, d. A.) unverzüglich den Transport des Bootes zum vereinbarten Lieferort nach Porto Roz / Ex-Yugoslawien. Dort wird die Übergabe stattfinden und das Boot von unserem Mandaten förmlich abgenommen. Zug um Zug mit der Übergabe erfolgt dann die Zahlung des Restkaufpreises per LZB-bestätigtem Verrechnungsscheck.« Zweifellos ein saubere Lösung für beide Seiten. Die Rechnung ging leider nicht auf. Laut Kaufvertrag wurden DM 6 000.- *inklusive der Zollabfertigung, segelfertig aufgeriggt im Wasser* vereinbart. In Porto Roz verlangte der deutsche Transporteur dann DM 7 500.- plus Zollgebühren, plus Krankosten, zusammen DM 9 400.-, die mein Bekannter vor Ort bezahlen mußte. Der Transporteur legte einen Kostenvoranschlag über exakt diese Summe vor, den er auch an die Werft gefaxt hatte. Ein nicht weniger renommierter deutscher Transporteur gab das gleiche Angebot zum Preisvergleich direkt an den Kunden ab. Hier beliefen sich die Kosten auf DM 6 500.- zzgl. Kran-

kosten für Be-und Entladung, sowie Zollabfertigungsgebühren. Wenigstens 1 000 Mark Provision strich wohl die Werft vom teuren Transporteur ein.

Die Mehrkosten gegenüber dem Vertrag gingen voll zu Lasten des Kunden, zudem fielen die Rechtsanwaltskosten und jede Menge Ärger an. Auch diese Werft schloß vor Beseitigung zahlreicher Mängel ihre Hallen für immer ab und bezeichnete sich als zahlungsunfähig.

Und noch etwas gibt es in der grundsätzlichen Haftungsfrage wegen Transportschäden zu bedenken:

TIP

Alle bekannten Transporteure schließen Verträge mit den Kunden in Form der »Allgemeinen deutschen Spediteurs-Bedingungen, ADSP,« ab. Der Auftraggeber für den Bootstransport ist letztlich der Dumme. Informieren Sie sich vor dem Kaufabschluß über diese Bedingungen, denn vielleicht gelingt es Ihnen, die Haftungsprobleme zumindest teilweise an die beauftragende Werft zu verlagern. Schließlich bezahlen Sie den Preis für eine blitzsaubere, fabrikneue Yacht ohne Macken an Rumpf, Deck und dem beigelaschten Rigg.

20

Drohung per Anzeige?

Übergabe einer neuen Yacht. Verkäufer und Käufer stehen sich gegenüber. Der eine platzt fast vor Wut, der andere spielt den Unschuldigen. »Also, wenn Sie mir so kommen«, hebt der Gepeinigte an, dann werde ich diesen Skandal an die Öffentlichkeit bringen, meine Verbindungen sind erstklassig.« Das Unschuldslamm kontert gelassen: »Nichts wird die Segler-Zeitschrift veröffentlichen, denn Leute wie Sie gibt's wie Sand im Meer.« So oder ähnlich lief schon manche hitzige Diskussion über Beutelschneidereien in Sachen Yachtkauf ab.

Es ist sicher kein Geheimnis, daß wohl alle Fachjournalisten über die schwarzen Schafe der Yachtbranche besser informiert sind, als die Mehrzahl ihrer Leser. Der Klatsch und Tratsch einer Bootsmesse würde locker drei Hefte füllen, und fast nichts davon steht dann im Blatt. Damit ist für Journalisten die Sache längst nicht vergessen. Zur rechten Zeit erscheinen sehr wohl die richtigen Artikel, nur muß man zwischen den Zeilen lesen können, denn die Androhung eines Schadenersatz-Prozesses nimmt jeder Redakteur ernst. Die Recherche muß hieb- und stichfest sein. Die großen Werften sind weder zimperlich mit Anzeigenstops, noch sehr zurückhaltend mit der Androhung von Millionenklagen. Ganz nüchtern gesehen verbrennt sich kein Herausgeber einer führenden Yachtzeitschrift die Finger an der Mängellisten-Aufzählung eines Lesers und ruiniert damit die langjährigen geschäftlichen Beziehungen zur Werft und deren Händlern. Ohne Anzeigen würde es keine Fachzeitschriften geben. Schon deshalb werden die oft subjektiv gefärbten Schilderungen der geprellten Käufer in Form von Leserbriefen von Journalisten redigiert, oder auch stilistisch geschönt. Viele an sich lesenswerte Briefe fallen auch dem Papierkorb zum Opfer, weil es immer zwei Standpunkte in jeder Sache gibt. Angehört wird allerdings wohl jeder Leser, der schlechte Erfahrungen mit den Belangen des Wassersports hat. Viel Zeit und Geld wird von den Redaktionen in Sachen Leserbetreuung aufgewendet, und letztlich dienen diese Gespräche zwischen Leser und Redaktion zur Themenfindung für neue Geschichten, als da sind die Probleme mit den völlig desolaten Notpinnen, oder der tatsächliche Preisverfall von gewissen Yachten, oder finanzielle Hasardeure in einigen Charterunternehmen, die allesamt einmal Anzeigenkunden einzelner deutschsprachiger Yachtzeitschriften waren. Die Anregung für solche an sich zeitlose Geschichten entspringen oft aus dem Gespräch mit den Redakteuren oder den Lesern.

Nun, denkt sich der erboste Käufer nach solch einem Gespräch mit dem Bootssport-Redakteur, dann setzte ich einfach eine von mir bezahlte Anzeige ins Blatt. Gesagt, getan, und dennoch Pech gehabt. Die Anzeige wird nicht angenommen, das ist gutes Recht jeder Zeitschrift. Die Anzeigendisposition teilt ihm freundlich mit (Originalschreiben): »... Bitte haben Sie Verständnis dafür, daß wir bei unserer telefonischen Aussage bleiben werden, Ihre Anzeige »Wer hat schlechte Erfahrungen« (mit einer französischen Werft mit Weltgel-

tung; d. A.) ... nicht zu schalten.

Anzeigen dieser Art werden aus grundsätzlichen Erwägungen nicht veröffentlicht – in keiner Zeitschrift unseres Verlags. Wir möchten Ihnen vorschlagen, einen Leserbrief an unsere Redaktion ... zu schicken. In der Rubrik Briefe haben die ...-Leser die Möglichkeit, ihre Probleme und Meinungen zu veröffentlichen. Freundliche Grüße ...«.

Jede andere Fachzeitschrift hätte ähnlich gehandelt. Leider muß Ihnen der Autor diese bittere Pille geben. So ist das Leben.

Mehr Glück mit einer Anzeige, die in die gleiche Richtung »abgefeuert« wurde, hatten Sylvia und Klaus S. aus München (Namen verändert, d. A.). Den beiden erfahrenen Hochseeseglern schlugen zahlreiche Mängel ihrer fabrikneuen Yacht so vehement auf den Magen, daß Sie eine Verkaufsanzeige in der führenden deutschen Yachtzeitschrift abdrucken ließen. Einigungsversuche mit der Werft waren fehlgeschlagen. In der Anzeige vernahm das deutsche Seglervolk Bemerkenswertes: Wir trennen uns von unserer fabrikneuen XY 42 (Name verändert, d. A.) wegen zahlreicher Mängel. Sonderpreis VHB. Der Sonderpreis war ein Nasenwasser im Vergleich zum Listenpreis der Werft. Trotz zahlreicher ernsthafter Kaufinteressenten blieb das Münchner Ehepaar standhaft. Nachdem die Anzeige zwei Mal abgedruckt worden war, meldete sich die Werft und bot, Neptun sei Dank, den beiden Münchnern die kostenfreie Rücknahme der »mißratenen« Yacht an. Im Genzug erstand das Ehepaar eine noch etwa größere fabrikneue Yacht gleichen Fabrikats zu einem absoluten Vorzugspreis, die, das sei hier ausdrücklich vermerkt, ohne Mängelrügen übernommen wurde. Diese raffinierte Pokerpartie ging klar an das Münchner Ehepaar.

Teil II – Gebrauchte Yachten

21

Yacht-Scheidung in Raten

Du bist nur mit Deinem Schiff verheiratet«, schluchzt die genervte Gattin, deutlich vernehmbar für die anderen Leidensgenossinnen im Restaurant der Marina.»Und Dir sind Klamotten und Klunker wichtiger, als ein sicheres Schiff, dafür müssen Opfer gebracht werden«, kontert noch etwas lauter der Lebensgefährte zur Zufriedenheit der männlichen Gäste. Jetzt ist der Zeitpunkt gekommen, wo erfahrene männliche Segler die Sache auf den Punkt bringen: »O.K. Wir vergessen die ganze Schrauberei und kaufen uns ein neues Boot.« Stille im Saal. Da senken sich die Blicke auf den wohlgefüllten Teller und innerlich rumorts. Man könnte, man sollte, warum machen wir es nicht! Klare Sache: Das jetzige Schiff steht ab sofort, innerlich gesehen, zur Disposition. Gebrauchte Yachten werden aus den unterschiedlichsten Gründen verkauft. Als Argument und Vorwand dienen häufig die zu knappen Raumverhältnisse für ein neues Boot. Tatsächlich erhofft sich

der Kapitän mit einem größeren Boot magenfreundlichere Fahrzustände, gibt es aber niemals zu. »Seekrankheit kenne ich nicht. Nur meine Frau kann sich nicht beherrschen.« Solch' dumme Sprüche sind Stammtischparolen ohne echten Background.

In Wirklichkeit verdonnert dieser Macho seine bessere Hälfte gerade dann zum Küchendienst, wenn die See besonders holprig ist. Da rebelliert der stärkste Magen. Gerade an Bord sollte auch bei den unangenehmen Tätigkeiten eine gewisse Arbeitsteilung stattfinden, sonst wird so mancher starke Mann über kurz oder lang ein verkniffener Solosegler ohne Anhang. Der Trick mit der längeren Wasserlinie und den üppigen Schränken zieht auch nicht. Knappe Stauräume lassen sich auch bei 90 cm mehr Rumpflänge nicht vermeiden. Die vielgepriesenen opulenten Schränke sind auch auf einer zwölf Meter langen Yacht für 300 000 Mark kleiner, als in einem Ein-Zimmer-Appartement. »Ein größeres Boot ist einfach seetüchtiger, und Sicherheit hat bei uns ja oberste Priorität. Denk nur an unsere Kinder.« Mit diesem raffinierten Schachzug wurde so manche preisbewußte Ehefrau zu einem neuen Schiff verführt. Das Argument »mehr Sicherheit« hat zwei Seiten. Zweifellos verhält sich eine 14 Meter lange Hochsee-Yacht bei widrigen Seebedingungen angenehmer, als eine neun Meter lange, verkappte Regattayacht. Dies täuscht natürlich Sicherheit vor. Dennoch geraten neun Meter lange Regattayachten äußerst selten in akute Seenot, weil die Kerle besser segeln und durchtrainiert sind. Seemannschaft zählt mehr als Bootslänge.

Setzen wir einmal voraus, die Familiencrew erreichte schon einige Male mit ihrer Neun-Meter-Yacht nur mit Hängen und Würgen crashfrei den sicheren Steg. Dies erschreckt zu Recht die Bordfrau nebst Nachwuchs. Leider muß ich Ihnen die Illusion rauben, daß mit dem 14-Meter-Schiff nun alles streßfrei abläuft. Das Gegenteil dürfte der Fall sein, denn größere Schiffe erfordern auch bedeutend mehr Weitsicht bei allen Hafenmanövern. Da hilft kein Abhalten mit den Beinen oder Händen, sonst brechen die Knochen. Deut-

lich ausgedrückt, wird ein nervöser, weil unerfahrener Segler mit der größeren Yacht noch mehr Probleme bekommen, als mit seiner bisherigen Neun-Meter-Yacht. Der Kopf verbietet das Auslaufen. Dies ist oft der Grund, weshalb die an sich wirklich seetüchtigen Yachten über zwölf Meter Länge bei leicht anspruchsvollen Bedingungen häufig im Hafen bleiben, während sich die »kantigen« Folkeboot-Mannschaften mit ihren kleinen acht Meter langen Booten draußen so richtig wohl fühlen.

Seetüchtigkeit läßt sich nur bedingt mit Bootslänge »kaufen«. Die längsten Seereisen wurden mit erstaunlich kleinen Yachten durchgeführt, nur wird darüber selten berichtet. Wer nun von einer Weltumsegelung mit einer 18-Meter-Yacht träumt, sollte das andere kurze Extrem kennenlernen. Die berühmte Weltumsegelung mit dem 5,20 Meter langen Sperrholz-Seekreuzer »Shrimpy« ist erfrischend ehrlich erzählt im gleichnamigen Buch, erschienen im Pietsch Verlag.

»Ich habe einfach kein Vertrauen mehr zu diesem Boot, ein neues funktioniert von Kiel bis Top tadellos. Zudem verschlingen die Reparaturen ein Heidengeld.« Zugegeben ist schwindendes Vertrauen ins eigene Boot ein schlimmer Zustand. Oder sind es nur mangelhafte technische Kenntnisse, die jeden Segler heimsuchen, wenn die Maschine wieder einmal streikt? Zähe Menschen dringen in die Materie ein und lösen die Probleme durch ein besseres Verständnis der Maschine. Bootsmotoren-Wartungslehrgänge bieten alle großen Motorenhersteller an. Andere Segler kaufen sich gleich ein neues Boot und wundern sich dann, wenn ausgerechnet bei der ersten Abnahmefahrt Luft in der Einspritzleitung ist und der Motor hustet. »Fängt das schon wieder an«, stöhnt der Eigner und schüttelt ratlos den Kopf.

Solange wir segeln, wird es immer Probleme mit der Maschine und den anderen mechanischen oder elektronischen Teilen geben. Murphy hat recht! Ein neues Schiff verlagert bei sorgfältiger Fertigung und Endkontrolle den Lauf der Dinge auf später. Fehlerfreie, zu 100 Prozent funkionierende Yachten gibt es äußerst selten. Ein bekannter Charterboot-Profiskipper sah die Dinge kommen: »Gefahr ist im Verzug, jetzt muß bald etwas ausfallen.« 30 Jahre Chartereinsatz hinterlassen auch in der Psyche ihre Spuren.

Dennoch ist irgendwann der Zeitpunkt gekommen, wo jeder Segler ein neues Schiff kaufen möchte. Bei mir muß die Optik der Yacht stimmen. Mehr Raum, mehr Schnelligkeit oder auch noch größere Wartungsfreiheit sind für mich absolut zweitrangig. Schön, wenn die Bordfrau ähnlich fühlt.

22

Geschäfte unter Freunden

Ort der Handlung: Puerto de la Selva. Ein hübscher spanischer Hafen nahe der französischen Grenze. Hier leben einige deutsche Langzeiturlauber in den Appartements mit Blick auf den Hafen. Einer davon ist Ewald M. Lange hat er mit sich gehadert. Ist die Segelei wirklich der richtige Zeitvertreib im Vorruhestand? Lerne ich wirklich in ein paar Stunden die Handhabung der vielen Leinen? Vom Landschaftsgärtner zum Hochsee-Segler, kann das gutgehen? Emma, seine etwas mütterlich wirkende Gattin ist skeptisch. Ihr geht alles viel zu schnell. Im nachhinein hatte sie den richtigen Riecher.
Schiffseigner Karl ist ein weitgereister Yachtie von der Waterkant. Fesche Skippermütze auf dem Kopf, aber immer knapp bei Kasse, wenn die Tischrunde bezahlt werden soll. Karl nimmt seinen Kumpel Ewald aus dem Frankenland fest an der Hand:»Das richten wir schon, selbst den dümmsten Landratten habe ich das Segeln beigebracht.« Das schafft Vertrauen, ein

Handschlag unter Freunden und der Kauf der erstaunlich preiswerten nur 70 000 Mark teuren, drei Jahre alten *Gib Sea* ist besiegelt. Ein Mann ein Wort, und 70 Riesen stecken in der Segeltasche. Kein vernünftig ausgefüllter Kaufvertrag soll die tolle Stimmung stören, nur ein Zettel als Quittung über 70 000 Mark für den Erhalt einer *Gib Sea 126* wird mit Schwung unterzeichnet.»Ich brauche die Quittung fürs Finanzamt«, sagt Karl und steckt den Zettel ein.
Die Übergabe der Schiffspapiere soll am nächsten Morgen mit der Schiffseinweisung über die Bühne gehen. Als glücklicher Mensch träumt Ewald in dieser lauen Nacht von wiegenden Palmen in südlichen Gefilden.
Was tatsächlich in dieser schönen Nacht in Puerto de la Selva über den Steg geht, ist eine harte Nummer, die jeden vertrauensseligen Segler zum Nachdenken zwingen muß. Ex-Schiffseigner Karl schreibt auf die Quittung *Anzahlung 70 000 DM* und fährt noch in der gleichen Nacht heimlich zum Hafen hinaus

in Richtung Frankreich. Dort klariert er am nächsten Morgen ordnungsgemäß ein. Der Hafenmeister weiß von nichts, schließlich kann er sich nicht um jede Schiffsbewegung kümmern. Obendrein wurde der Liegeplatz für die *Gib*

Die meisten ausländischen Yachten in spanischen Marinas gehören deutschen Eignern. Beim Verkauf gilt: Vertrauen ist gut, Kontrolle ist besser.

Sea für drei Monate im voraus angemietet und bezahlt.

Die Polizei wird informiert. Leider sieht man sich außerstande, etwas zu unternehmen, weil der Frankenmann weder einen Kaufvertrag, noch die Quittung über den bezahlten Kauf nebst Bootspapieren präsentieren kann.

Über den Hafenmeister von Puerto de la Selva erfährt Ewald die Heimatadresse des liederlichen Menschen. Er reicht über seinen An-

walt Anklage wegen Betruges ein. Die Kriminalpolizei ermittelt, und neun Monate später trifft man sich vor Gericht wieder. Emma ist noch rundlicher und Markus, ihr geknickter Gatte, läuft puterrot an, als er im Gang des Gerichts seinen einstigen Kumpel aus dem friedlichen Selva wiedersieht.

Der Ausgang der Verhandlung ist offen, weil die Beweislage krankt. Die überstürzte Abreise aus dem Hafen erklärt Charterboot-Skipper

Karl mit einem dringenden Auftrag, den er zu erledigen hatte. Zudem kann dieses Schlitzohr den von beiden Seiten unterschriebenen Zettel über eine Anzahlung von 70 000 DM präsentieren. »Für 70 000 Mark hätte ich nie und nimmer mein Schiff verkauft, das ist mindestens 150 000 Mark wert. Ewald hat nur wegen seiner geizigen Frau 70 000 Mark als Anzahlung bezahlt, damit sie glaubt, es sei ein ganz besonders attraktives Schnäppchen. Ewald M. schuldet mir noch weitere 80 000 Mark, sonst bekommt er nicht das Schiff.« Glaube versetzt Berge. Die Yacht wurde im Charterbetrieb nicht geschont, der Zeitwert wird mit etwa 100 000 Mark von Experten taxiert.

Auf Anraten des Gerichts und der Anwälte nimmt der Geschädigte Ewald M. den Vorwurf des Betrugs vor der Beweisaufnahme zurück und stimmt folgendem Vergleich zu: Er bezahlt zusätzlich 40 000 DM und zudem die Hälfte der Gerichtskosten sowie die Anwaltskosten über zusammen 28 000 DM. Ein teures Geschäft mit einem klaren Verlierer: Ewald M. Seine liebe Emma erklärt noch im Saal: »Dieses Boot werde ich nie in meinem Leben betreten.« So ist das mit den Geschäften unter »Freunden«.

23

Yachtmakler veruntreut Kundengelder

Die schwarzen Schafe sorgen für die Schlagzeilen. Leider müssen darunter auch integre Yachtmakler leiden. Kürzlich veruntreute ein bekannter holländischer Yachtmakler über eine Million Mark seiner gutgläubigen Kunden. Der Trick war ganz einfach aber wirkungsvoll. Man biete seine Dienste in den bekannten Yachtmagazinen an und verspreche die seriöse Abwicklung beim Verkauf der gebrauchten Yacht in vollmundigen Anzeigen. Der Verkauf der Yacht geht über die Bühne, und der Erlös wandert auf ein persönliches Konto des Maklers. Hier ist Endstation. Nichts geht mehr. Anfrage im Büro des Maklers ist verlorene Zeit. Das Geld ist weg, die Firma des betrügerischen Maklers meldet Konkurs an. In der Zwischenzeit hat er mit neuem Firmennamen und Firmensitz die Makler-Geschäfte wieder aufgenommen. Diesmal verhökert er Ferienhäuser, die in die Jahre gekommen sind.

Betrüger dieser Machart sind schwer zu packen, weil die Mühlen der Gerichte langsam mahlen und zudem die elementar wichtige Sicherung des Geldverkehrs von der nichtsahnenden Kundschaft oft nicht wahrgenommen wird. Mehr davon am Ende des Kapitels. Betrügereien in der Yachtmakler-Branche sind leider kein Einzelfall. In Florida schob einer der bekanntesten Yachtmakler über sieben Millionen Dollar in die eigene Tasche, und die geprellten Kunden drohten ihm eine Ladung Blei an. Bislang ohne Erfolg. Ein bekannter Schweizer Industrieller veruntreute zwei millionenschwere Yachten und über 300 Millionen Mark an Firmen- und Kundengeldern. Er sitzt seit über 18 Monaten auf den Bahamas in Haft, aber seine Auslieferung in ein Schweizer Gefängnis kommt bislang nicht zustande, obwohl diese Affäre für die Schweizer Justiz zum Prestigefall wurde.

TIP

Seriöse Makler arbeiten ausschließlich mit einem sogenannten Anderkonto, das von jeder größeren Bank eingerichtet wird. Auf dieses Sperrkonto überweist der Käufer der gebrauchten Yacht den Kaufpreis. Der Makler allein kommt an dieses Geld nicht heran. Dazu sind zwei Unterschriften nötig: vom bisherigen Eigner und dem Makler. Erst wenn beide handelseinig sind, wird das Anderkonto gemeinsam aufgelöst, und der Makler erhält seine Provision. Alle im Branchenverband angeschlossenen deutschen und ausländischen Yachtmakler arbeiten ausschließlich mit Anderkonten. Eine Vorschrift dazu besteht allerdings genau so wenig, wie eine staatlich vorgeschriebene Ausbildung für diesen Beruf. Es genügt immer noch eine mehrtägige Einweisung bei der Industrie- und Handelskammer. Der Branchenverband der Makler drängt den deutschen Gesetzgeber bislang ohne Erfolg auf härtere Zulassungsbedingungen. Eine ähnliche Situation besteht bei den Schiffahrts-Sachverständigen.

Professionelle Betrüger unterschlagen selbst millionenschwere Luxusyachten.

107

24

Anlagebetrug unter Seglern

ast täglich verhandeln die Gerichte über das Wirtschaftsverbrechen Anlagebetrug. Auch in turbulenten wirtschaftlichen Zeiten sitzt das Geld scheinbar immer noch locker genug, sofern eine hohe Rendite versprochen wird, oder sich das Hobby Segeln mit Geldverdienen verknüpfen läßt. Der nachfolgende Fall ist ein schönes Beispiel für die Geldgier mancher Leute, die jegliche Vorsicht außer acht lassen, sofern eine saftige Rendite winkt. »Segelfreunde vereinigt euch und werdet dadurch reich.« In Abwandlung des bekannten Zitats war Rüdiger Furchtlos (Name ist natürlich geändert, d. A.) kein Mann von Traurigkeit. Was braucht der erfolgreiche österreichische Finanzfachmann von eigenen Gnaden? Ein prachtvolles Segelschiff, einen schwarzen Porsche Carrera 4 und eine fesche Freundin. Diese erprobte Mixtur sorgt für Gehör unter netten Freunden. Seit fünf Jahren hat Rüdiger

Furchtlos eine saubere Weste. Die kriminelle Vergangenheit ist Schnee von gestern. Vergessen wir also die drei Jahre Knast wegen räuberischer Erpressung, vergessen wir die zwei läppischen Jahre wegen Anlagebetrugs und einen Schuldenberg von 1,7 Millionen Mark. Die Freundin sorgt fürs Bare und fürs Herz.

Rüdiger Furchtlos rühmt sich im Freundeskreis seiner Kavaliers-Taten: »Nur wer das tiefe Tal gesehen hat, kennt die frische Luft der Berge«. Unser Mann ist ein Finanzgenie mit zugegeben ungewöhnlich einnehmender Ausstrahlung. Sonst hätten die zumeist etwas bodenständigen Mitglieder seines »Freundeskreises« Lunte gerochen, als Rüdiger Furchtlos im idyllischen Yachthafen des schweizerischen Arbon am Gestade des Bodensees seine gepflegten Hände nach dem, sagen wir, grauen Geld, der Freunde ausstreckte. Zu später Stunde griff Herr Furchtlos ins schweinslederne Köfferchen und präsentierte sein »einmaliges Finanzierungskonzept edler Segelyachten« den vermögenden Freunden aus Wirtschaft und Sport. Spätestens an dieser Formulierung, die aktenkundig ist, wäre einem Hamburger Geschäftsmann der lieblichste edle Tropfen vom Bodensee sauer aufgestoßen. Keiner der anwesenden zwölf Beteiligten schöpfte aber Verdacht. Die Geldbeschaffungsmaschine sollte in sechs Phasen für eine mindestens 35prozentige Rendite sorgen:

- *Phase 1:* Wir gründen eine Yacht-Pool-Gesellschaft mit einer Festgeldeinlage von jeweils mindestens 300 000 Mark. Das Geld wird sicher vor dem deutschen Fiskus in der Schweiz »geparkt«.
- *Phase 2:* Ein Viertel des Geldes wird zum Ankauf zweier italienischer Luxusyachten verwendet. Drei weitere Viertel der Kaufsumme werden über Banken finanziert. Der Rest der Einlage bleibt im sicheren Pool in der Schweiz und wird dort gewinnbringend in Wertpapieren angelegt.
- *Phase 3:* Wir gründen eine deutsche Chartergesellschaft und vermieten an diese Gesellschaft die beiden Luxusyachten.

- *Phase 4:* Wir lassen die Chartergesellschaft in Konkurs gehen und ersteigern die von den Banken sichergestellten Yachten über einen Makler zu einem extrem günstigen Preis. Fazit: Die Bank ist der Verlierer bei dem Geschäft.
- *Phase 5:* Die zwei ersteigerten Luxusyachten werden über Makler weiterverkauft, und der Gewinn wird zusammen mit dem verbliebenen Restgeld im Pool an die Anteilnehmer verteilt.
- *Phase 6:* Rüdiger Furchtlos erhält eine Provision von 15,2 Prozent für das Handling der Gelder und seine Bemühungen.

Die Gerichtsakten beweisen, daß Rüdiger Furchtlos innerhalb von 14 Tagen 2,7 Millionen Mark von seinen geldgierigen Freunden einsammelte und dafür sofort 15,2 Prozent Provision kassierte: 410 400 Mark! Keiner der Beteiligten wehrte sich gegen das Abzweigen der Provision. Man nahm es als Unkostenvergütung hin. Die 0,2 Prozent sollten die Porto- und Büroauslagen decken. Die Bestellung der beiden italienischen Luxusyachten gestaltete sich als angenehme Beschäftigung. Wer zwei Yachten im Ge-

Bei der Vergabe von Yachthypotheken verhalten sich die Banken in rezessiven Zeiten äußerst zurückhaltend.

samtwert von über zwei Millionen Mark ordert, wird von jedem Werftvertreter bevorzugt bedient. Schon drei Wochen vor Ausstellungsbeginn, da die Bestellung der Yachten erfolgen sollte, reiste Rüdiger Furchtlos standesgemäß mit Freundin und Porsche nach Italien und handelte dort in der Werft eine Vermittlungsprovision aus. Feiner ausgedrückt: Courtage. 12% Vermittlungsprovision sollten es schon sein und die Spesen obendrauf, versteht sich. Der Werftchef sagte zu. Das Pikante an der Sache war die telegrafische Geldanweisung bei der Düsseldorfer Boots-

messe, wo das Geschäft dann stattfand. Erst als die Provision über 240 000 DM von Bankseite bestätigt wurde, unterzeichnete Rüdiger Furchtlos unter den Augen seiner nichts ahnenden Freunde die beiden Kaufverträge. Jetzt stand ein Haben von 650 400 Mark auf seinem privaten Schweizer Konto. Vor Gericht wurden die ganzen Kaufverhandlungen noch einmal offengelegt. Statt wie üblich eine Gegenofferte bei einer anderen renommierten Werft einzuholen, vertrauten die Mitglieder des Yacht-Pools ganz auf die Fachkenntnisse ihres Finanzjongleurs. »Qualität hat ihren Preis, da gibt es nichts mehr zu handeln, wir haben das Äußerste erreicht«, soll

Herr Furchtlos argumentiert haben. Tatsächlich läßt jede Werft in gewissem Rahmen mit sich handeln. Im Gegenzug überwies der konziliant auftretende Österreicher zehn Prozent Anzahlung auf das italienische Werftkonto. Beschwingt flog man mit dem standesgemäß angecharterten Learjet nach Friedrichshafen zurück. Jetzt mußten nur noch die Banken mitspielen. Das nächste Kapitel der Geldbeschaffung geriet wider Erwarten auf die falschen Gleise. Trotz vollmundiger Geschäftserwartungen bei den Chartereinnahmen und Renditeversprechungen erwehrten sich alle Banken standhaft den Umgarnungsversuchen von Steuerberater Werner Meister (Name natürlich auch geändert, d. A.), der die Kreditverhandlungen im Auftrag des vorbestraften Rüdiger Furchtlos führen sollte. Steuerberater Werner Meister verplapperte sich schon beim ersten Gespräch wegen des millionenschweren Kredits. Er nannte den Namen des Vermittlers, Rüdiger Furchtlos. Bankgeheimnis hin oder her, nichts ging mehr. Das interne Kontrollsystem (Schufa) unter den am Bodensee beheimateten international tätigen Banken hatte bestens funk-

tioniert. Die dubiosen Finanzgeschäfte der Vergangenheit hatten Rüdiger Furchtlos wieder eingeholt. Die anderen Geschäftspartner bekamen nun endlich kalte Füße und zogen sich aus dem so glänzend angelaufenen Yacht-Pool-Geschäft zurück. Sie wollten das Restgeld vom Schweizer Konto sehen. Fehlanzeige! Rüdiger Furchtlos setzte sich mit Freundin und Porsche Carrera flugs nach Italien ab, aber auch dort gibt's schnelle Streifenwagen, und bald saß unser Finanzgenie im Hafengefängnis von Genua ein. Es soll ein besonders unfreundliches steinaltes Verlies sein.

Zwei Jahre später stand Rüdiger Furchtlos endlich vor Gericht. Drei der noch zehn Mann starken Yacht-Pool-Gruppe hatten vor den deutschen Finanzbehörden nichts zu verbergen und erstatteten Anzeige wegen Anlagebetrugs. Tatsächlich waren ganze 6700 Mark Guthaben auf dem Schweizer Konto. Den Rest des Geldes soll Rüdiger Furchtlos hochspekulativ (Dollar-Put-Optionsscheine) auf einen fallenden Dollar gesetzt haben. Der Greenback stieg und das Geld war weg. Die Wirklichkeit sah freilich anders aus.

Schließlich bestand der italienische Werftbesitzer auf Erfüllung der Kaufverträge. Über einen außergerichtlichen Vergleich wurden zehn Prozent der Kaufsumme von den Mitgliedern des Pools bezahlt. Einer war zahlungsunfähig: Rüdiger Furchtlos. Sein Kommentar vor Gericht: »Die Leute wollten einfach zu viel von mir, die Zeiten sind schlecht, und deshalb haben die Banken nicht mitgespielt.« Eine fadenscheinige Argumentation. Letztlich gings dem Betrüger nur um das Abkassieren von Provisionen und das Geld aus dem Yacht-Pool-Topf. Wegen der zahlreichen Vorstrafen und der wenig kooperativen Mitarbeit des Angeklagten wurde eine Haftstrafe von vier Jahren und sechs Monaten festgelegt. Das Urteil ist noch nicht rechtskräftig, weil der Angeklagte in Revision ging.

Im nachhinein ist natürlich jeder klüger. Dennoch ging die Gutgläubigkeit der geprellten Segler so weit, daß selbst einfachste Mechanismen versagten. Die Kontoauszüge des Yacht-Pool-Kontos legte Rüdiger Furchtlos nur in der Kopie vor. Eine Nummer war darauf gefälscht worden. In der Kopie sah alles echt aus. In Wirklichkeit landete die ganze Einlage über 2,7 Millionen Mark auf dem persönlichen Konto von Rüdiger Furchtlos. Alle Provisionen verschob der Betrüger auf ein drittes Konto bei einer anderen Bank.

Weil Rüdiger Furchtlos wußte, daß die Mehrzahl der Anleger mit wohl schwarzem Geld ihren Anteil bezahlt hatten, fühlte sich dieser Gauner sicher. Nachdem der Geldtransfer vor Gericht offengelegt worden war, werden nun die Steuerbehörden die Herkunft der Gelder überprüfen. Der Autor meint: Da fließt noch viel Wasser aus der Schweiz den Rhein hinunter in den Bodensee, bis die geprellten Anleger wieder Freude am Wassersport haben werden.

T I P

Wer viel Rendite verspricht, hat meist »Dreck am Stecken«. Wohl alle Banken sind durch zahlreiche Kreditausfälle in den letzten Jahren deutlich vorsichtiger bei der Vergabe von Krediten geworden. Zusätzliche Auflagen der Bundesaufsicht der Banken verlangen die genaue Information über die Risiken der Geldanlage. Geschäfte, die nur zum Ziel der Verlustzuweisung gestartet werden, sind nicht mehr über Bankkredite finanzierbar. Zudem spielen die Finanzämter nicht mehr mit.

25

Kaufvertrag unter privaten Partnern

as Bürgerliche Gesetzbuch (BGB) regelt in den §§ 459 ff. die Rechte und Pflichten beim Kauf und Verkauf von Sachen und somit auch von gebrauchten Yachten. In der Sache gleicht der Handel dem von gebrauchten Personenwagen. Weil etwa 80 Prozent des Gebrauchtboote-Handels in Europa unter Privatleuten abgewickelt wird, soll hier neben den wichtigsten Regeln auch auf einige weniger bekannte Besonderheiten eingegangen werden. Sie verkaufen Ihre gebrauchte Yacht an einen Clubkameraden. Angenommen Sie sind Gymnasiallehrer, sein Beruf ist Musiker. Sie und Ihr Clubkamerad sind nach dem Gesetz beruflich nicht im Yachtsektor tätig. Ein Geschäft unter Laien. Der Kaufvertrag setzt folgende Regelungen durch das BGB voraus:

Fehler- bzw. Mängelfreiheit
Der Käufer kann voraussetzen, daß die gebrauchte Yacht fehlerfrei ist, z. B. wasserdichte Luken. Ein Ausgleich könnte hier über eine Minderung des Kaufpreises erfolgen. Die gebrauchte Yacht kann unter gewissen Voraussetzungen aber auch zurückgegeben werden, sofern das Boot nach der Übergabe schwere Mängel aufweist. Beide Gewährleistungsrechte sind also möglich. Im letzteren Fall wird eine sogenannte Wandelung eingeleitet, z. B. wegen verschwiegener struktureller Schäden an der Rumpf-Kiel-Verbindung. Die Wandelung (Rückgängigmachung des Kaufes) bedeutet also die Rückgabe der Yacht an den Verkäufer und die Rückzahlung eventuell bereits geleisteter Zahlungen.

Eigenschaften
Sichert der Verkäufer dem Käufer gewisse Eigenschaften der Yacht zu, müssen diese Eigenschaften auch den Tatsachen entsprechen, z. B. das Trailergewicht. Ein Ausgleich kann unter gewissen

Gebrauchtboot-Kaufvertrag

zwischen
Herrn/Frau/Firma
Anschrift

und
Herrn/Frau/Firma
Anschrift

_____

_____

Tel. priv./gesch.:
nachfolgend Verkäufer

Tel. priv./gesch.:
nachfolgend Käufer

Verbindliche Erklärung

Der Verkäufer Herr/Frau (   ) verkauft das Gebrauchtboot
Typ:
Name der Yacht:
basierend auf nachfolgender Vereinbarung an den Käufer. Mündliche/Schriftliche Angaben und Zusicherungen des Verkäufers, die im Rahmen der Vertragsverhandlungen abgegeben worden sind, haben nur Bestand, sofern sie in dieser abschließenden schriftlichen Vereinbarung Gegenstand sind.

§ 1 Technische Daten der Yacht

Typ:
Werft-Baunummer: Segelnummer:
Schiffsregisternummer: Baujahr:
Werft:
Rumpflänge/Breite/Tiefgang:
Gewicht der Yacht mit Ausrüstung:
Motortyp/Motorbaujahr:
Segelfläche (Großsegel, Fock, Genua):
Motorleistung kw:
Motorfabrikationsnummer:
Rumpf-Bauweise:
Deck-Bauweise:
Rigg-Bauweise:

§ 2 Kaufpreis/Eigentumsvorbehalt

1) Der Käufer verpflichtet sich zur Zahlung eines Kaufpreises in Höhe von: DM
   in Worten: inklusive/exklusive Mehrwertsteuer.
2) Der Kaufpreis ist wie folgt fällig:
   a) sofort   b) bei Übergabe
   c) Die Fälligkeit des Kaufpreises wird wie folgt vereinbart:
3) Die/Das gebrauchte Yacht/Boot verbleibt bis zur vollständigen Zahlung des Kaufpreises im Eigentum des Verkäufers. Ferner verpflichtet sich der Käufer, das Boot ausreichend zu versichern, nicht an Dritte weiterzugeben, nicht zu veräußern, nicht zu verpfänden beziehungsweise an Dritte zu übereignen bis die vollständige Bezahlung erfolgt ist.

§ 3 Lieferungs- und Zahlungsbedingungen

1) Der Verkäufer verpflichtet sich, die/das fahr- und betriebsbereite Yacht/Boot nebst Zubehör und vollständiger Ausrüstung am/bis spätestens zum (Datum) dem Käufer zu übergeben. Wird dieser verbindliche Termin seitens des Verkäufers nicht eingehalten, ist der Käufer berechtigt, eine angemessene Nachfrist zu setzen. Wird auch diese Frist nicht eingehalten, ist der Käufer berechtigt, Schadensersatz wegen Nichterfüllung zu verlangen oder ganz vom Kaufvertrag zurückzutreten.

2) Hat der Käufer bei der terminlich zugesicherten Fälligkeit der vereinbarten Zahlungsmodalitäten die Zahlungsverpflichtung nicht erfüllt, ist der Verkäufer berechtigt, ohne Mahnung und Nachfristsetzung Schadensersatz wegen Nichterfüllung zu verlangen beziehungsweise vom Kaufvertrag zurückzutreten.

3) Der Rücktritt vom Vertrag hat durch eingeschriebenen Brief mit Rückschein kenntlich gemacht zu werden.

§ 4 Zusicherungen/Gewährleistungen

1) Der Verkauf des Gebrauchtbootes erfolgt unter Ausschluß jeglicher Gewährleistung.

2) Der Verkäufer sichert im Sinne der Regelung nach § 463 BGB die folgenden Eigenschaften des Gebrauchtbootes zu:
   - Unfallfreiheit
   - Leckagefreiheit
   - Osmosefreiheit
   - Zahl der Betriebsstunden von Maschine und Getriebe (...) h.

3) Der Verkäufer versichert weiter, daß die/das gebrauchte Yacht/Boot nebst den Zubehör- und Ausrüstungsgegenständen frei von Rechten Dritter ist. Weiter versichert der Verkäufer, daß die gesetzlich vorgeschriebenen Zölle und Steuern vollständig bezahlt worden sind. Der Verkäufer verpflichtet sich für den Fall, daß der Käufer von Dritten in Anspruch genommen wird, ihn, den Käufer, von sämtlichen sich daraus ergebenden Kosten und Zahlungsverpflichtungen freizuhalten.

§ 5 Übergabe

1) Die Übergabe erfolgt: betriebsfertig/segelfertig geriggt in:
   ab Verkäufer (Wohnanschrift)
   ab Käufer (Wohnanschrift)
   ab Liegeplatz:
2) Anstehende Transportkosten zum Übergabeort hat der Verkäufer/Käufer zu tragen.
3) Der eventuell bestehende Versicherungsschutz endet bei Übergabe der/des Yacht/Bootes.

§ 6 Zubehör und Ausrüstungsliste

Die als Anlage beigefügte Ausrüstungsliste gilt nach Unterzeichnung des Kaufvertrages für beide Parteien als verbindlich und in den Vertrag einbezogen. Sämtliche Ausrüstungsgegenstände, die in der Ausrüstungsliste genannt sind, werden als Zubehör der/des gebrauchten Yacht/Bootes nach den Regeln dieses Vetrags behandelt.

§ 7 Übergabeprotokoll

Bei Übergabe der/des Yacht/Bootes wird ein Übergabeprotokoll der aus der Anlage dieses Vertrages ersichtlichen Ausrüstungsliste angefertigt und von beiden Parteien unterzeichnet. Änderungen und Beanstandungen gegenüber dem vertragsgemäßen Zustand von Yacht/Boot und Ausrüstungsgegenständen, sind im Übergabeprotokoll zu vermerken.

§ 8 Nebenbestimmungen

1) Mündliche Vereinbarungen sind nicht getroffen worden. Sämtliche Vereinbarungen, die außerhalb dieser Urkunde hinsichtlich der wechselseitigen Verpflichtungen aus diesem Vertrag getroffen werden, sind schriftlich festzuhalten.
2) Jede Partei erhält und bestätigt den Erhalt des Vertrages und der Ausrüstungs- und Zubehörliste.

§ 9 Salvatorische Klausel

Sollten die Bestimmungen des vorliegenden Vertrages ganz oder teilweise unwirksam sein oder werden, wird dadurch die Wirksamkeit der übrigen Bestimmungen des Kaufvertrages nicht davon berührt. Statt der unwirksamen Bestimmungen gilt eine Bestimmung als vereinbart, die dem von den Parteien gewollten Zweck wirtschaftlich am nächsten kommt. Dies gilt auch im Falle einer vertraglichen Lücke.

(Ort)..., den ....

....
Verkäufer   Käufer

Anlage: Ausrüstungs-/Zubehörliste

So könnte ein Kaufvertrag für Gebrauchtyachten lauten. Nichtzutreffende Passagen im Vertrag müßten von Benutzern jeweils gestrichen werden.

BAVARIA
Yachtversicherung

Kaufvertrag
über ein gebrauchtes Wassersportfahrzeug

Herr / Frau / Firma ....

wohnhaft in (PLZ, Ort, Straße) .... Tel. ....

verkauft an

Herrn / Frau / Firma ....

wohnhaft in (PLZ, Ort, Straße) .... Tel. ....

das Motorboot / die Motoryacht / das Segelboot / die Segelyacht: ....

Register-Nr. / Bootsschein-Nr.: ....

(Liegeplatz: ....)

Technische Einzelheiten des Bootes:

Bauwerft: ....

Baujahr: .... Baumaterial: ....

Typenbezeichnung: .... Segelfläche: ....

Länge üA: .... Breite üA: ....

Technische Einzelheiten des(r) Motors(en):

Anzahl der Motoren: .... Typenbezeichnung: ....

Fabrikat: .... Baujahr:........................ PS/kW: ....

Motornummer: .... Vergaser / Diesel: ....

Betriebsstunden je: ....

1. Nautische Ausrüstung:

Kompaß, Handkompaß, Barometer, Thermometer, Windmesser, Windrichtungsanzeiger, Echolot, Log, Autopilot, Radioempfänger, UKW/
GW/KW, Funkempfänger, Radar, Loran, Decca Omega, GPS, Sonstiges.

2. Sicherheitsausrüstung:

Rettungswesten (...........................), Rettungsringe (...........................), Rettungsinseln (...........................),

Feuerlöscher (....................) mit je .... kg, pyrotechnische Signalmittel.

Beiboot Typ: .... Baujahr: ....

Motor-Typ: .... Motor-Nr.: .... PS / kW: ....

3. Sonstige Ausrüstung:

Anker mit .... m Kette, Leinen .... m,

Bootshaken, Badeleiter, Persenning, Flaggen, Segel: ....

Folgende Papiere wurden vorgelegt: Rechnung der Lieferfirma, Mehrwertsteuer-Nachweis, Schiffsmeßbrief, Bootsschein, Zollschein,
Betriebsanleitung für den Motor, Reparaturrechnungen (anderes). Police für Yacht-Kasko und Yacht-Haftpflicht bei BAVARIA.

Davon wurden dem Käufer übergeben:

Der (die) Verkäufer versichert(en), daß das hier bezeichnete Boot sein (ihr) Eigentum ist und keine Rechte dritter Personen darauf lasten.

4. Versicherungsrechtliche Veränderungen

Der Verkäufer übergibt den Versicherungsauftrag für die Wassersport-Haftpflicht........und/oder Wassersport-Kasko.......mit allen Rechten
und Pflichten an den Käufer. .... ja .... nein

**Die für die BAVARIA bestimmte Kopie des Kaufvertrages ist innerhalb von 3 Tagen ab Kaufvereinbarung, möglichst vor Übernahme
des Schiffes, an diese abzusenden.**

Der (die) Käufer übernimmt (übernehmen) das Boot wie besichtigt und probegefahren unter Ausschluß jeglicher Haftung ab:

Übergabeort: .... Anlieferung: ....

zum Preis von DM: .... incl. MwSt. DM ....

in Worten: ....

Die Kaufsumme ist sofort / innerhalb von ....Tagen bar / per Scheck* zu zahlen.

Das Boot bleibt bis zur vollständigen Bezahlung des Kaufpreises Eigentum des (der) Verkäufers.

Ort und Datum	Unterschrift des Käufers	Unterschrift des Verkäufers
* Nichtzutreffendes bitte streichen!	Unterschriften der Käufer	Unterschriften der Verkäufer

BAVARIA Yachtversicherung · Robert-Koch-Str. 3 · 82031 Grünwald b. München · Tel. (089) 6 49 22 33 · Fax (089) 6 49 22 81

Ein einfach gehaltenes Beispiel für einen Gebrauchtboote-Kaufvertrag der Fa. BAVARIA
Yachtversicherung, München, der allerdings nur die wesentlichen Risiken abdeckt.

Voraussetzungen über Minderung oder Wandelung oder auch Schadensersatz wegen Nichterfüllung des Vertrags erfolgen.

Verjährungsfrist
Der Käufer verliert seine Ansprüche gegenüber dem Verkäufer sechs Monate nach Ablieferung der Yacht. Bei arglistigem Verschweigen von Mängeln setzt der Gesetzgeber eine Verjährungsfrist von 30 Jahren an.

Was noch zu beachten ist
Die Fehlerfreiheit ist ein heißes Eisen, weil keine Yacht wirklich fehlerfrei ist. Deshalb setzen die meisten Verkäufer den Passus ein »gekauft wie gesehen« oder »gekauft wie probegesegelt«. Ausgewiesene Fehler und Mängel müssen allerdings im Vertrag stehen. Beispiel: Der eingebaute Perkins 4 108-Dieselmotor bedarf wegen einer Laufzeit von über 5000 Stunden einer Revision durch den Käufer.

Wenn der Käufer den Passus »gekauft wie gesehen« oder »gekauft wie probegesegelt« unterschreibt, hat er seine Ansprüche vor Gericht zumindest erheblich eingeschränkt. In der Regel wird das

Gericht einen Wertausgleich empfehlen. Nur bei sehr schwerwiegenden Fehlern und damit verbundenen arglistig verschwiegenen Mängeln kann das Boot zurückgegeben werden. Dazu ist immer ein Rechtsanwalt nötig. Die Aussichten vor Gericht sind nicht besonders gut, weil beide Vertragspartner Segler sind und etwas von der Sache verstehen. Deshalb kommt es meist zu einem nicht billigen Vergleich.

Wenn Sie als Käufer den Mangel schon während der Probefahrt bemerken, verlieren Sie dennoch Ihre Gewährleistungsansprüche, wenn Sie den Vertrag, siehe oben, »gekauft wie gesehen etc ...«, unterschrieben haben. Eine relativ bescheidene Chance auf Wandelung besteht nur dann, wenn Sie den Mangel beim Kauf nicht festgestellt haben! Wer sich segeltechnisch »dumm« oder laienhaft vor Gericht darstellt, hat bessere Chancen – meint ein Rechtsanwalt.

Grobe Fahrlässigkeit kann dem Verkäufer nur dann unterstellt werden, wenn Sie als laienhafter Käufer nicht in der Lage waren, den Mangel bei der Besichtigung oder beim Probeschlag zu erkennen. Der Mangel muß offenkundig

Grundberührung: Ver-
schwiegener schwer-
wiegender Mangel.
Spalt zwischen Kiel
und Rumpf ...

... Die Reparaturko-
sten betragen minde-
stens 5000,- DM.

gewesen sein. Gegenüber einem
langjährigen Fahrtensegler kann
grobe Fahrlässigkeit vor Gericht
nur schwer geltend gemacht werden. Der Fahrtensegler hätte den
Mangel bemerken müssen. Die oft
schwierige Beweisführung liegt
beim Käufer.
Geringfügige Mängel sind kein
Grund für die Rückgabe der Yacht.
Sie kaufen eine gebrauchte Yacht

mit entsprechenden Abnutzungs-
erscheinungen von einer privaten
Person.
Die technischen Daten müssen
korrekt sein, wie: Baualter der
Yacht, Zahl der Vorbesitzer, derzei-
tiger Eigner, sowie daß keine Be-
leihung oder Hypothek auf die
Yacht besteht. Die bezahlte Mehrwertsteuer muß im Kaufvertrag
vermerkt sein. Werden diese wich-

tigen Eigenschaften des Vertrags nicht erfüllt, kann der Käufer vom Vertrag zurücktreten, weil die Eigenschaften zugesichert wurden. Unter die Eigenschaften fällt auch der wichtige Begriff der bisherigen Nutzung der Yacht. Verschweigt der Verkäufer den Einsatz der gebrauchten Yacht im professionellen Charterbetrieb, werden sich die beiden Vertragspartner ohne nachträgliche großzügige Reduzierung des Kaufpreises vor Gericht wiedersehen.

Gibt der Verkäufer einen Austauschmotor an, und in Wirklichkeit handelt es sich nur um einen überholten Motor, werden die wahrheitsgetreuen Eigenschaften verschwiegen. Der Vertrag kann mit Hilfe eines Rechtsanwalts eventuell rückgängig gemacht werden.

Möchten Sie die Yacht dennoch behalten, kann der Verkäufer zur Reduzierung des ursprünglichen Kaufpreises an Hand eines Kostenvoranschlags einer Fachwerkstätte gezwungen werden. Der Fachmann schätzt die Kosten von Aus- und Einbau des alten Motors und die Installation eines Austauschmotors. Die Hilfe eines Anwalts dürfte den Vorgang beschleunigen.

Tritt an Stelle des privaten Verkäufers ein professioneller Bootshändler oder Makler auf, sieht das Gesetz zum Schutz des »laienhaften« privaten Käufers weiterreichende Regelungen vor. Dem professionellen Yachthändler obliegen größere Sorgfaltspflichten als dem privaten Verkäufer. Dies gilt auch bei Yachten, die in Kommission vom Bootshändler weiterverkauft werden. In der Praxis muß der Händler sich die Zeit nehmen, alle Fehler und Mängel in schriftlicher Form aufzuzeigen. Der Passus: »Gewährleistungsansprüche ausgeschlossen« ist vor Gericht bei schwerwiegenden, arglistig oder wissentlich verschwiegenen Mängeln und Eigenschaften der Yacht nicht relevant. In der Praxis benötigen Sie als Käufer einen Rechtsanwalt, um Ihre Forderung durch Minderung des Kaufpreises oder gar durch Wandlung und damit Rücknahme der gebrauchten Yacht durchzusetzen.

Die Beispiele zeigen, daß ein Bootswechsel seine Tücken hat. Eine Rechtsschutzversicherung kann die Streitereien abfedern. Beachten Sie die Kosten und Fristen auf den Seiten 36-44.

26

Privater Kaufvertrag: Wer ist der rechtmäßige Eigentümer?

it Grauen erinnert sich mein guter Bekannter Peter F. an den Stuttgarter Reinhold K. (Name geändert, d. A.). Dieser war bis vor kurzem als Geschäftsmann in der baden-württembergischen Spätzle-Metropole tätig. Lange Jahre gingen die Geschäfte gut, man spricht nicht über Geld, man hat es. Dafür stand auch seine am Mittelmeer stationierte Swan 44. Ein Traum von einem eleganten Schiff. Blauer Rumpf, abgesetzt mit goldenem (!) Wasserpaß, und obendrauf ein Teakdeck vom Feinsten. Getafelt wurde auf Meissner Porzellan. Reinhold K. segelte geruhsam zwischen San Remo und Nizza einher und machte Rast, wo es am schönsten ist. Zu nächtlichen Stunden versprachen die nostalgischen Casinos anregende Stunden. Da war's um ihn geschehen. Die Spielleidenschaft überkam ihn. Machen wir es kurz: Reinhold K. verspielte in knapp drei Jahren sein angespartes Vermögen und verpfände-

te schließlich bei einer französischen Bank auch noch seine Yacht, die im See-Schiffsregister eingetragen war. Die meisten Banken bestehen auf den Eintrag ins Schiffahrtsregister zwecks der Hypothek.

In der Heimat stand die Rezession ins Haus. Das Stuttgarter Unternehmen lief wegen der nachlassenden Konjunktur immer schlechter, und die Pfandhäuser vermeldeten Rekordumsätze. Schließlich drohte die Marinaverwaltung von Antibes dem noblen Geschäftsmann, den Strom- und Wasseranschluß am Steg abzudrehen. 25 000 Mark Liegeplatzkosten sollten möglichst auf der Stelle bezahlt werden. Woher das Geld nehmen und nicht stehlen?

Jetzt trat mein Freund Peter F. in Aktion. Ihn faszinierte das Schiff schon lange, und auch die Art des Bordlebens imponierte ihm. Schwäbische Geschäftsleute unter sich, worüber unterhält man sich? Natürlich über eine neue, noch größere Yacht. Juwelier Reinhold K. wollte, wie mir mein Freund erzählte ,»in Kürze eine Swan 55 in Auftrag geben. Sofern die jetzige in gute Hände käme, würde er sich notgedrungen von ihr trennen.« Das war Musik in Peters Ohren, denn wovon träumt wohl jeder Segler in schwachen Stunden? Von finnischen Schwänen. Bei einigen Gläsern Calvados kam man sich näher, und letztlich wurde mein Freund am gleichen Abend neuer Eigner der Swan 44. Am nächsten Morgen beglich er eine Anzahlung über 150 000 Mark, weitere 300 000 Mark sollten in den nächsten Tagen folgen. Ohne zu ahnen, wie klamm der noble Vorbesitzer tatsächlich war, unterzeichnete mein Kumpel den handschriftlichen Kaufvertrag ohne Zögern.»Ich setzte Vertrauen gegen Vertrauen!« Auch Pferdehändler bescheißen manchmal ihre Kunden.

Die ausstehenden Liegeplatzkosten nebst einem großzügigen Trinkgeld fürs Personal beglich unser Geschäftsmann mit einem charmanten Lächeln, und dann hieß es »Leinen los« zur Übernahmefahrt, ab aufs leicht gekräuselte Mittelmeer. Gegen Abend glitt das etwas ungleiche Paar, mein

Freund handelt mit meist echten Teppichen, nach Antibes zurück. Im nachhinein ein dicker Fehler. Dort nahmen zwei bislang noch nicht im Hafen bekannte Gesichter die Leinen wahr, und stellten sich nach einer kurzen Verschnaufpause als Bankbevollmächtigte vor. Sie legten mit Hilfe eines kleinen rundlichen Herrn eine massive Kette übers Vordeck zum Mast und zurück an den Steg.»Ich hätte weinen können, das sah ganz abscheulich aus, und staubige Straßenschuhe hatten die auch noch an. Sämtliche Steganlieger schauten zu uns herüber, es war eine verdammt peinliche Situation«, jammerte mein Kumpel. Es sollte noch schlimmer kommen. Letztlich war die Bank durch die Hypothek rechtmäßiger Eigner der Yacht. Mein Kumpel mußte zivilrechtlich die 150 000 Mark Bares einklagen. Die wohlhabende Familie des Geschäftsmannes half dem »gefallenen« Sohn und bezahlte in einem außergerichtlichen Vergleich den Großteil der Schulden mit 18monatiger Verspätung. Dickes Geld verdient hatte der Rechtsbeistand meines Spezis. Er »tröstete« ihn ob der beachtlichen Gerichts- und Anwaltsgebühren mit dem zarten Hinweis, daß es noch viel schlimmer hätte kommen können, wenn er die volle Kaufpreis-Summe ausbezahlt hätte, und schließlich sollte man bei jedem Kaufvertrag auf die wirklichen Eigentumsverhältnisse achten.

Gut gebrüllt Löwe. Tatsächlich werden immer wieder gebrauchte und auch neue Yachten weiterverkauft, obwohl der tatsächliche Eigner eine Bank (Hypothek) oder eine andere Person ist. Das Bundesamt für Seeschiffahrt und Hydrographie in Hamburg ist für die Eintragung ins See-Schiffsregister zuständig. Es gibt Auskünfte über die dort registrierten Yachten. Pflichteintrag bei über 15 Meter Länge. Ein freiwilliger Eigentümer-Eintrag für kleinere Yachten ist sinnvoll, weil ausländische Behörden das Flaggenzertifikat anerkennen. Damit ist der echte Eigentümer zweifelsfrei festgehalten. Zudem wird an Hand der Kaufrechnung die bezahlte und auf Verlangen vorzeigbare Mehrwertsteuer ausgewiesen.

TIP

Prüfen Sie vor Bezahlung immer die tatsächlichen Eigentumsverhältnisse der gebrauchten Yacht. Immer wieder werden private Yachten von »alten Freunden« im Auftrag des Schiffseigners weiterverkauft, der keine Zeit für das Geschäft aufbringen könne.

Motoryacht ohne Kennzeichen, Flagge und Namen. Wer ist der Eigner?

123

Am Bodensee wurden im letzten Jahr zwei Trailerboote im Wert von über 60 000 Mark auf dem trockenen Standplatz zu günstigen Konditionen »weiterverkauft«. Der Betrüger arbeitete mit Chiffrenummern und Kleinanzeigen in einem Bootemagazin. Die rechtmäßigen Eigentümer der Motoryachten ahnten nichts von dem Verkauf, der Betrüger strich hohe Anzahlungen ein und machte sich von dannen. Die Kaufinteressenten sehen ihre Anzahlungen über jeweils 10 000 Mark wohl nie wieder.

Nicht wenige Betrüger »reisen« auf die so einfach zu beschaffenden Standerscheine. Alle freiwilligen Schiffsdokumente der Seglerverbände, Automobilclubs etc. sind kein anerkannter Eigentumsnachweis vor Gericht. Dieser sogenannte Standerschein wird von den meisten Hafen-, Polizei- und Zollverwaltungen als Eigentümernachweis in der Regel akzeptiert, obwohl es keiner ist. Auf der Rückseite steht eindeutig: Dies ist kein Eigentumsnachweis. Wenn es hart auf hart kommt, müssen echte Kaufbelege mit bezahlter Mehrwertsteuer vorgelegt werden.

Desgleichen sind Versicherungsunterlagen keineswegs Eigentumsurkunden. Den Versicherungen reichen zum Abschluß der Verträge die technischen Daten der Yacht und der Name des Versicherungsnehmers.

Immer häufiger werden in betrügerischer Absicht gecharterte Yachten klammheimlich nach Griechenland und Südamerika verkauft. Auch ein deutscher Segler erwarb nichtsahnend eine veruntreute ehemalige Charteryacht in Italien. Sie wurde von der Polizei beschlagnahmt, weil keine Mehrwertsteuer bezahlt worden war. So wie die Dinge liegen, verliert dieser Segler sein ganzes Geld mangels Masse bei den flüchtigen Betrügern. Einer von ihnen segelte in den 70er Jahren um die Welt und scheiterte dann als Charterboot-Skipper wegen seiner schlechten Manieren.

Ein gesundes Maß an Mißtrauen unter Segelkameraden ist immer angebracht. Unser Schiff wurde auf den Azoren auch von einem Seglerpärchen ausgeraubt. Geldnot zwingt einige zu Taten, die sie an sich verabscheuen.

27

Wertverlust bei Segelyachten

Auf lange Sicht zahlt sich Qualität im Bootsbau immer aus. Die in sehr geringen Stückzahlen handwerklich erstklassig gefertigten Eigner-Yachten wie Contest, Najad, Hallberg Rassy, Malö oder Swan und andere blieben in den letzten zehn Jahren preisstabil beim Wiederverkauf. In der Praxis bedeutet dies bei fast allen hochwertigen Eigner-Yachten einen Abschlag von etwa 30 Prozent zum Neuwert in den ersten drei bis fünf Jahren. Danach

Frisches Süßwasser schont die Yachten. Hoher Werterhalt durch geringe Abnutzung.

bleibt der Zeitwert konstant oder steigt sogar leicht wieder an, wenn sich die hervorstechendsten Qualitätseigenschaften des Typs im Seglervolk herumgesprochen haben. Zudem ist das Angebot gebrauchter Yachten dieser Werften äußerst bescheiden. »Wer eine kriegt, kauft sie sofort«, sagt ein Branchenkenner.

Hohe Stückzahlen bei den bekannten Großserienyachten von Jeanneau, Beneteau oder auch Bavaria und Dehler bedeuten nicht unbedingt eine schlechtere Bauausführung gegenüber den oben genannten Beispielen. Das Überangebot dieser Yachten auf dem Gebrauchtboote-Markt führt allerdings ganz zwangsweise zu schlechteren Preisen beim Wiederverkauf. Der Preisverfall wird durch die Menge der ausgemusterten Charterboote so nachhaltig verstärkt, daß selbst abgebrühte Makler die Hände über dem Kopf zusammenschlagen: »Französische Yachten über 35 Fuß sind nach unseren Erfahrungen bestenfalls mit einem 50%igen Nachlaß gegenüber dem Neuwert noch zu verkaufen.« De facto verlieren Großserienyachten aus dem Charterbetrieb innerhalb von drei bis fünf Jahren mindestens 60 Prozent an Wert.

Yachten, die vornehmlich in Süßwasser gefahren wurden, verlieren durch die geringere Abnutzung etwas weniger an Wert. Die Firma Kuhnle Tours, Stuttgart, ist Marktführer bei der Vercharterung von Hausbooten und Segelyachten in den neuen Bundesländern. In einem Beteiligungsprospekt wird die Situation beim Gebrauchtbootemarkt von Süßwasseryachten realistisch betrachtet. Auszug: »Eine allgemeine Formel (Wertverlust, d. A.) für alle Boote gibt es nicht. Es hängt vor allem auf dem Gebrauchtbootemarkt sehr viel von den einzelnen Typen ab. ...

Grundsätzlich ist es richtig, daß für Boote aus dem Charterbetrieb weniger erzielt wird, als für gut gepflegte Eignerboote. Wieviel, kommt einzig und allein auf den Pflegezustand und somit auf den Vercharterer an. Größere Renovierungen müssen nach unseren Erfahrungen nach sieben bis acht Jahren durchgeführt werden (bei Hausbooten, d. A.). Dazu gehört vor allem der Ersatz des Motors und eine Generalüberholung der gesamten Inneneinrichtung. ... Deshalb ist bei kleinen Booten der Preisverfall wesentlich geringer, als bei Booten über 35 Fuß, weil dort der Markt von gebrauchten

Charterbooten überschwemmt ist. Wie sich die Preise bei Charteryachten unter 30 Fuß entwickeln wird, ist schwer vorauszusagen, denn Yachtcharter in Süßwassergebieten, und somit ein großes Angebot von gebrauchten Charteryachten unter 30 Fuß, gibt es kaum. Ob dieser Markt in gleicher Art wachsen wird wie Yachtcharter in Salzwasserrevieren ist fraglich, aber langfristig nicht auszuschließen. Wir gehen bei unseren Berechnungen von einem Wertverlust von zehn Prozent pro Jahr aus.«

Der Autor sieht die Lage ähnlich. Festzuhalten gilt, daß gut gepflegte Eigner-Yachten auf den deutschen Binnenseen die preisstabilisten auf dem Markt für gebrauchte Yachten sind. Süßwassersegler investieren überproportional viel Zeit und Geld in ihre Yachten.

Erstaunlich wertstabil sind kleinere Yachten aus gutem Hause zwischen 26 und 32 Fuß Länge. Bestes Beispiel sind die unsinkbaren belgischen Etap-Yachten, aber auch eine Albin Vega oder ein Nordisches Folkeboot erzielt nach fast zwanzigjähriger Nutzungsdauer noch fast den gleichen Preis wie einst gekauft. Gut gepflegte Traileryachten mit Regattatauglichkeit

wie ein H-Boot, eine J-24 oder X-99 verlieren nur etwa 20 Prozent an Wert innerhalb der ersten drei Jahre, danach bleibt der Preis weitgehendst stabil und richtet sich wie bei allen gesuchten Yachten nach dem Pflegezustand.

Ein echtes Phänomen sind ausgesprochene Liebhaber-Yachten aus Holz von renommierten Werften wie Abeking & Rasmußen. Eine fachmännisch gepflegte Holzyacht aus den 50er Jahren kann heute durchaus das Doppelte zum einstigen Neupreis wert sein. Die bekannten Hansa-Jollen dieser Werft werden heute meist teurer verkauft als vor 30 Jahren. Amerikanische Yachties mit dicker Brieftasche suchen verzweifelt nach einer Olin Stephens oder John G. Alden Yacht und geben dafür immense Summen aus. Letztlich entscheidet heute immer mehr der Stil und die Bauqualität über den tatsächlich zu erzielenden Preis. Häßliche Yachten sind und bleiben auch in Zukunft Ladenhüter. Wer sich eine neue oder gebrauchte Yacht kaufen will, sollte dieses Argument ernst nehmen.

Nicht die Schnelligkeit einer Yacht ist für einen erfreulichen Wiederverkauf entscheidend, sondern der Eindruck, den die Yacht vermittelt.

TIP

Der Wert einer gebrauchten Yacht hängt primär vom Typ und Pflegezustand ab. Die Lebensdauer sämtlicher Teile wird im Süßwasserbetrieb höher sein als im Salzwasser-Einsatz. Süßwasser-Yachten sind fast preisstabil. Dieschlechtesten Preise erzielen ehemalige Charteryachten aus der Türkei, Griechenland und Süditalien.

Zeitlos schön und wertbeständig sind
topgepflegte klassische Yachten.

28

Schwachpunkte bei gebrauchten Yachten

Ein neuer 4-Zylinder-Schiffsdiesel mit 60 PS kostet mit Getriebe gut 25 000 DM ohne Einbau.

D ie technisch gesehen absolut perfekte Yacht gibt es nicht. Weder neu noch gebraucht. Der Kauf einer schönen Yacht aus zweiter Hand sollte nicht an Kleinigkeiten scheitern, die sich letztlich mit etwas handwerklichem Können und dem Willen zum Nachbessern über einen Preisnachlaß kompensieren lassen. Als Verhandlungsbasis zwischen Käufer und Verkäufer sind 50 Prozent Nachlaß auf fällige Reparaturkosten üblich, weil es ein Überangebot an gebrauchten Yachten derzeit gibt.

Ein Beispiel: Der von beiden Seiten anerkannte Bootsbau-Sachverständige schätzt die Reparaturkosten des defekten Motors auf 6 000 DM. Statt der vorgeschlagenen Verkaufssumme von 50 000 DM wechselt die Yacht den Besitzer für 47 000 Mark. Eine vernünftige Basis, mit der beide Seiten leben können.

Welche Teile am Boot werden besonders beansprucht? Schwerwiegend sind gravierende, oft versteckte Probleme mit dem Rigg, der Stabilität des Rumpfes oder der Antriebseinheit von Motor-Getriebe-Wellenanlage. Bei Schiffsbesichtigungen erleben Sachverstän-

Ohne genaue Inspektion des Riggs sollte der Kaufvertrag nicht unterzeichnet werden.

dige immer wieder, daß selbst der bisherige Bootseigner ahnungslos übers Wasser fuhr, obwohl sein teures Rigg nur noch an einem »seidenen Faden« hing. Selbstverständlich hängt der Grad der Abnutzung von der Pflege und den gefahrenen Seemeilen ab.

Ein gut ausgebuchtes Charterschiff kann, muß aber nicht, nach fünfjähriger Nutzungsdauer in Mittelmeergewässern technisch gesehen ziemlich am Ende sein. Deshalb werden Charteryachten auf dem Gebrauchtbootemarkt auch niedriger taxiert, als privat genutzte Yachten. Branchenführer Sunsail Charter gibt in seinem Charter Renditesystem den Wertverlust mit 10 - 15 Prozent gegenüber privat genutzten Yachten gleichen Typs an (Stand 1/97). Führende Makler beziffern den Wertverlust bei den meist genutzten französischen Yachttypen zwischen 36 und 44 Fuß Länge mit etwa 25 Prozent gegenüber einer durchschnittlich genutzten privaten Yacht gleichen Typs. Fest steht, daß Katamarane und große Yachten über 50 Fuß Länge im Charterbetrieb preislich gesehen noch höhere Wertverluste hinnehmen müssen, weil der Second-Hand-Markt für diese Yachten extrem eng ist.

Zehn Jahre private Nutzung entsprechen etwa 25 000 Seemeilen. Schwachpunkte sind alle Nietenbefestigungen von Wanten und Stagen an Alumasten. Besonders gefährdet sind die flexibel einstellbaren 7/8-Riggs schneller, regattatauglicher Yachten. Reißt das Vorstag durch Materialermüdung der Nieten am Mast oder unten am Wantenspanner, fällt der Mast ohne Vorwarnung. Ein komplett neues Rigg kostet bei einer 9-Meter-Yacht mindestens 15 000 Mark. Die Abhängigkeit von ein paar Nieten oder einem einzigen Vorstagspanner waren für mich ein wichtiges Argument, die Finger von Yachten mit flexiblem Rigg zu lassen. Mitten auf dem Atlantik ist ein Riggkontrolle kaum möglich. Deshalb verlieren bei jeder ARC Atlantik-Rallye ein paar Yachten den Mast. Ein zusätzliches Babystag kann den Mast retten, sofern der Bruch des Vorstags in »Etappen« verläuft.

Sind Holzmasten die bessere Alternative? Holzmasten werden heute fast nur noch auf klassischen Yachten gefahren. Nach eigener 13jähriger Erfahrung mit einer 14 Meter langen Ketsch verhält sich ein gut gebauter hölzerner Mast aus kanadischem Spruce absolut unproblematisch in Bezug auf Abnutzung und Festigkeit. Die üppige Verstagung beruhigt auf Hochseefahrten, aber sie kostet etwa einen halben Knoten Speed im Vergleich zu den windwiderstandsärmeren Alumasten mit minimalster Verstagung.

Durchgesteckte Holzmasten stehen direkt auf dem Kiel und zeigen im groben Seegang an, wenn zu viel Segel stehen. Man hört den Mast in seiner Lagerung arbeiten und wird reffen. Bricht ein Toggle oder Wantenspanner, fällt der Mast nicht herunter, weil genügend Reserve in Form von Unterwanten, Seitenwanten, doppelten Achterstags und dem doppelten

Gebrochener Vorstagbeschlag. Nicht nur wegen Überbelastung, sondern auch wegen Materialfehler brechen Masten.

Kutterstag vorhanden ist. Diese eingebaute Sicherheit wird durch höheren Pflegeaufwand beim Lackieren und, wie schon erwähnt, etwas geringerer Segelleistung erkauft. Handwerklich sauber gefertigte Holzmasten sollten beim Kauf eines Gebrauchtbootes kein Hindernis darstellen.

Schwachpunkte auf fast allen modernen Yachten sind bei intensiver Benutzung die Rollreffsysteme. Diese gilt es besonders sorgfältig vor Kauf zu inspizieren. Defekte Rollreffanlagen sind bei zehn Jahre alten Gebrauchtbooten die Regel. Die Lagerungen sind ausgeschlagen. Der Mastbeschlag leidet unter der höheren Last. Neue Rollreffanlagen kosten mit Montage für ein neun Meter langes Boot ca. 6 000 Mark. Viele Großsegel-Rollreffsysteme funktionieren unter Last nicht optimal. Nachträglich installierte Anlagen sollten bei der Probefahrt unbedingt ausprobiert werden, sonst kommt eventuell das dicke Ende beim ersten Starkwind, wenn nichts mehr geht.

Ich halte Bindereffsysteme immer noch für die seesichere Reffmethode, die ich selbst mit Bordmitteln ausbessern kann. Segelbergen ist bei Ausfall der Kurbelmechanik auf hoher See kaum möglich. Risiko-

faktoren sind auch die bequemen elektrisch angetriebenen Reffsysteme. Bei einigen Systemen muß der komplette Winschmechanismus abgebaut werden, bevor man an die Drehachse kommt und das Segel von Hand einrollen kann. Handbetätigte Großsegel-Rollreffsysteme kosten im Tausch satte 12 000 Mark aufwärts. Elektrische sind doppelt so teuer.

Kommen wir zur Motor-Getriebe-Welleneinheit. Hier liegt häufig der Knackpunkt zum Verkauf der eigenen liebgewonnen Yacht. Gut gewartete Charterboot-Einbaumotoren sind häufig in besserem Allgemeinzustand, als weniger benutzte Motoren privater Yachten. Ein hervorragend gewarteter Dieselmotor kann eine schlecht gepflegte Kunststoffyacht durchaus »überleben«. Bei Charterbooten funktioniert der Motor an sich immer, weil sonst die Gäste reklamieren und Nutzungsausfall berechnen. Zudem stehen sich die meisten Motoren auf privat genutzten Yachten durch die langen Liegezeiten ohne Service kaputt. Blockierte Motoren durch Rost im Motorblock sind bei privaten Yachten am Mittelmeer gang und gäbe. Eine Motorrevision kostet zwischen mindestens 6 000 und 10 000 Mark, je nach Fabrikat,

Werkstatt und Umständen. Neue 25 bis 50 PS starke Motoren kosten mit Elektrik zwischen 17 000 und 22 000 Mark ohne Ausbau der alten Maschine und Einbau der neuen. Gute Pflege macht sich auf lange Sicht bezahlt.

Ohne einen Wechsel der Lichtmaschine oder des Anlassers übersteht kaum eine Yacht 25 000 Seemeilen. Rechnen Sie mit pauschalen 3 000 Mark Reparaturkosten für je eine Austausch Lichtmaschine, explosionsgeschützten E-Anlasser und je eine See- und Süßwasser-Impellerpumpe für das Zweikreis-Kühlsystem.

Der eigentliche Schwachpunkt im Antrieb sind das Getriebe und die Nebenaggregate. Meist versagt das Getriebe nach etwa 3 000 Betriebsstunden. Schwach dimensionierte »Pleasure Craft Duty«-Getriebe sind nach nur 1500 Stunden reif für eine Revision, die mindestens 2 500 Mark kostet. Meistens verschleißen zuerst die Kupplungslamellen. Die deutsche DIN Norm 6270B schreibt eine Standfestigkeit von 15% unter Vollast vor, bei einer jährlichen Betriebsdauer von maximal 300 Stunden. Stärker dimensionierte Getriebe sind für den Arbeitsboote-Sektor vorgesehen

Der Kunde ist frustriert: Von einem Tag auf den anderen stellte BMW seine Bootsdiesel-Produktion ein.

(Commercial Craft Duty). Sie halten etwa 5 000 Betriebsstunden ohne Austausch von Kupplung etc. Viele Großserien-Werften bauen auch für Charterboote nur die schwächer dimensionierten, dafür um 2000 Mark preiswerteren »Pleasure Craft«-Getriebe ein. Je nach Baujahr kann z. B. auf einer Amel-Santorin das stärker oder auch schwächer dimensionierte Hurth Getriebe eingebaut sein, wobei Amel sicher zu den renommiertesten Bootswerften gehört. Auf eine entsprechende Anfrage teilte die Werft uns mit: »Unter Berücksichtigung Ihrer Fahrtenziele halten wir einen Getriebetausch für sinnvoll.« Kostenpunkt 4 500 DM inkl. Einbau.

Bootsgetriebe kollabieren meist ohne Vorwarnung. Der Motor dreht hoch und die Schraubenwelle steht. Antriebslos treiben Sie in der See. Im Gegensatz zu einem offensichtlich vernachlässigten Motor kann dem bisherigen Bootseigner keine mangelnde Pflege des Getriebes unterstellt werden. Die meisten Getriebe sind weitgehendst wartungsfrei ausgelegt. Verschleißabhängige Komponenten wie ein zu langsam drehender Propeller erhöhen stark die Abnutzung. Die Einheit Motor-Getriebe-Propeller muß zusammenpassen, sonst verschleißt das schwächste Glied, das Getriebe, nach wenigen hundert Stunden forcierter Marschfahrt.

Kleinteile, wie durchkorrodierte Seewasserventile, eine überholungsbedürftige Auspuffanlage oder durchgeschlagene Motoraufhängungen werden Sie finanziell gesehen nicht überfordern. Richtig ins Geld geht nur das Rigg, der Motor und das Getriebe. Weil diese elementar wichtigen Teile in Ordnung sein müssen, sollten Sie bei Zweifeln an der Zuverlässigkeit der Motorisierung den Rat eines Sachverständigen der Fakultät Bootsbau hinzuziehen, der für etwa 1 000 bis 3 000 Mark, je nach Aufwand und Schiffsgröße, seine Meinung über die zu erwartenden Reparaturpreise abgibt. Ein fixer KFZ-Mechaniker kann den Zustand der Maschinenanlage durchaus beurteilen, aber mit Osmose oder einem verzogenen Mast kann dieser Motoren-Experte wenig anfangen. Sind die Segel, Persenninge und die Polster der Kajüte noch o.k.? Der Segelmacher erstellt einen Kostenvoranschlag über die Ausbesserungen oder eine Neuanfertigung. Polsterarbeiten gehen tüchtig ins Geld. Etwa 10 000 bis

15 000 Mark möchte der Polstermeister für maßgefertigte Bezüge und qualitativ hochwertiges Schaummaterial erhalten! Die Leistungsfähigkeit einer bekannten Bootswerft können Sie an der Lieferfähigkeit von Ersatzteilen testen, und dazu zählen auch Polster und Bezüge von Serienyachten. Sie sparen etwa 40% gegenüber neu angefertigten Polstern. Ich ließ mir nach schlechten Erfahrungen bei meiner neuen Yacht doppelte Bezüge anfertigen, die ich beim Weiterverkauf der Yacht überziehen werde.

TIP

Auf lange Sicht macht sich Qualität im Bootsbau immer bezahlt. Der tatsächliche Wert einer hochwertigen, gebrauchten Yacht wird maßgeblich von der Bauwerft bestimmt. Renommierte Werften verzichten auf modischen Schnick-Schnack und setzten auf seegerechte Bauqualität und bewährte Zulieferer. Die Ersatzteil-Versorgung wird dadurch erleichtert, und der Wiederverkaufswert bleibt nach den ersten sieben Jahren fast stabil. Selbst Preiserhöhungen gegenüber dem Neuwert sind bei gesuchten Yachten üblich. Beispiele dafür sind die skandinavischen Vindö, Najad, Hallberg Rassy und Sweden Yachts, die amerikanischen Hinckley, und britischen Camper & Nicholsons und Vancouver-Yachten. Unter den 22 - 32 Fuß großen GFK-Yachten sind die belgischen Etap-Modelle besonders wertstabil.

29

Gebrauchte Yachten –
Verliebt in Holz?

Klassische Schönheiten überleben jeden Modetrend. Ganz nüchtern betrachtet sind die wertvollsten Segelyachten dieser Welt stets Yachten aus zweiter Hand und meist aus massivem Eichenholz und edlen Tropenhölzern gezimmert. Oft lagen diese klassischen Schönheiten der Jahrhundertwende sechzig Jahre lang an den schlammigen Ufern englischer und amerikanischer Seen und Flüsse. Auf Grund gesetzt, als Hausboot umgebaut, geplündert, vergessen und schließlich abgewrackt. Dann die Wende: ein vermögender Boat-Lover wie der italienische Industrielle Maurizio Gucci steht vor dem Schrott und entscheidet sich, zehn Millionen Dollar in die totale Restauration der vergammelten Schaluppe zu investieren. Daraus wurden 20 Millionen Dollar, wie uns ein Bootsmann erzählte, ohne die üblichen Nebenkosten, die jede moderne Maxiyacht zur Spardose degradieren. Eine neue Yacht, gleich welchen Materials und Größe, käme bedeutend billiger.

Kein modernes Märchen, sondern Realität in unserer kunststoff- orientierten Zeit. Auch eine reiche Amerikanerin steckt Jahr für Jahr ein Vermögen in ihr hölzernes Hobby. 32 Mann an Bord hören auf ihr Kommando. Die betuchten Eigner dieser edelsten Regattayachten sind wohl lustbetonte Kapitalisten reinsten Wassers. Sie bewahren mit ihrer teuren Leidenschaft aber gezielt unwiederbringliche Kulturgüter vor dem Untergang. Leider ist mir kein einziger deutscher Großindustrieller bekannt, der ähnlich handelt. Hierzulande muß eben die Rendite stimmen, und die ist bei Gemälden allemal sicherer.

Es muß ja nicht gleich eine über 25 Meter lange J-Klasse Regattayacht sein, in die wir uns Normalverdiener »verlieben«. Dennoch kann der Wunsch nach einer klassischen Yacht aus Holz fast nur über Makler befriedigt werden. Sie kennen

Erstklassig restaurierter, 70 Jahre alter Fife-Schooner aus Holz.

den Markt und wissen genau, welcher Eigner zum Verkauf seiner Yacht bereit ist. Ohne präzise Vorstellungen in Preis und Klasse Ihrerseits kommt der Makler nur schwer in die Gänge. Wenn Sie ihn nach einem klassischen Charles E. Nicholson Schooner fragen, dürfte das Gespräch anregend sein. Oder schwebt Ihnen eine deutsche Schönheit von Abeking & Rasmussen im Kopf herum? Es geht um mindestens 500 000 Dollar. Auch gezielte Wünsche nach einem schnittigen Nationalen Kreuzer werden sein Gehör finden, obwohl hier nur 30 000 Mark im Raum stehen.

Der Kunde versteht was von der Sache, und dies aktiviert den Geschäftsmann. Seine Gesprächsbasis ist fundiertes Wissen über die bekanntesten Yachten und Werften der Classic Ship Aera und deren Eigner. An sich ist jede gebrauchte Yacht verkäuflich. Nur der Preis muß stimmen, und das Gesicht des zukünftigen Eigners muß einem liegen. In diesen zwei Punkten sind Classic-Fans ganz

Historisch wertvoller skandinavischer Ostseesegler. Eine Lebensaufgabe.

besonders wählerisch. Vermeiden Sie bei jedem Fachgespräch den Vergleich von Holz zu Kunstoff, oder den Vergleich Arbeitsaufwand zum Segelvergnügen. Holzliebhaber nehmen die Dinge, wie sie sind. Nur Banausen rechnen die Arbeitsstunden hoch.

Der Kauf einer gebrauchten hölzernen Yacht gleicht oft einer Lotterie. Hier ist ein vom Käufer zu bezahlender Sachverständiger ge-fragt. Ganz im Gegensatz zu den in Kunststoff, Aluminium oder Stahl gefertigten Serienyachten gibt es für hölzerne Yachten keine Taxierung durch den Boots-Schwacke (ähnlich der Liste für gebrauchte Personenwagen). 50% Differenz zwischen einem guten oder schlechten Angebot sind keine Seltenheit. Der eine oder andere Sachverständige kennt den bisherigen Eigner seit Jahren und kann den Pflegeaufwand, der im Schiff steckt, fachgerecht taxieren.

Etwa 2000 Mark plus Reisespesen kostet der Service des Experten. Handeln Sie das Honorar vorher pauschal aus, sonst kann es böse Überraschungen geben, wenn sich das Salär nachträglich am Schiffswert orientiert.

Weiterbilden können Sie sich bei den bekannten Regatten und Treffen der historischen Yachten wie in St. Tropez, der »Nioulargue«, oder bei der Annapolis Wooden Boat Show in Amerika mit zusätzlichen festen Regattaterminen, die von den schönsten amerikanischen Holzyachten bestritten werden. Aufwärts geht's auch mit deutschen Veranstaltungen, die für klassische Yachten, meist aus Holz, reserviert sind. Organisator ist der Freundeskreis Klassische Yachten in Kiel. Adresse siehe Anhang. Ein mehrtägiger Besuch des deutschen Museumshafens in Hamburg-Oevelgönne und Finkenwerder (Gaffel-Consortium) ist gut angelegtes Studiengeld in Sachen Werterhaltung von klassischen Yachten und Schiffen. Hier finden Sie schnell Kontakt zu Eignern und ihrer Mannschaft. Freuen Sie sich mit über diese wundervollen Schiffe, und vergessen Sie nicht, die Hände der Experten zu betrachten. Auf klassischen Vollholz-Yachten

wird fast immer gearbeitet. Sind Sie dazu bereit?

Grundsätzlich fühlt sich wohl jeder Yachtie zum Bootsmaterial Holz hingezogen. Mit Holz kennt sich auch jeder Heimwerker bestens aus. An sich ideale Voraussetzungen für den Erwerb einer hölzernen Yacht. Leider wird die Suche nach wirklich »gesunden« Vollholz-Yachten immer schwieriger. Nicht wenige Vollholz-Yachten stehen jahrelang auf Land, und dabei leiden die Planken und Nähte an Austrocknung. Im Salzwasser »gelagerte« Vollholz-Yachten werden selbst an der relativ gering salzhaltigen Ostsee immer häufiger von Bohrwürmern befallen, deren Heimat an sich Asien ist. Wer diese Schädlinge toleriert, wird seines Lebens nicht mehr froh. Das Schiff bricht innerhalb von etwa drei Jahren förmlich auseinander.

Ein Trost: Die Preise für gebrauchte Vollholz-Yachten sind ziemlich im Keller. Wie das Preisniveau tatsächlich ist, merkt man spätestens bei der Begutachtung des Versicherungsagenten. Er nimmt kein Blatt vor den Mund und taxiert ihre Yacht zum effektiven Zeitwert.

Holz ist nicht gleich Holz. Die schönsten Luxusyachten werden immer häufiger nach dem SP-System oder nach dem W.E.S.T System der Gougeon-Brüder als teure Einzelanfertigungen gebaut. Das Baumaterial sind Edelholzfurniere plus Epoxidharze. Die Verbindung zwischen diesen beiden Materialien ist nicht nur schön sondern auch langlebig, wie eine besonders aufwendig laminierte Kunststoff-Yacht. Fast jedes Jahr kommen auf diesem Sektor der Bootsbaukunst neue Kunststoff-Materialien auf den Markt. Wir befinden uns erst am Beginn einer neuen Epoche im Bootsbau. Holz hat in Verbindung mit Epoxidharzen noch eine sehr attraktive Zukunft vor sich. Ohne Rücksicht auf die verfügbaren Mittel würden sich in den USA 65 Prozent aller Bootseigner für eine hölzerne Yacht entscheiden, die nach dem W.E.S.T

System gebaut sein müßte, ergab eine Meinungsumfrage bei der bekanntesten amerikanischen Segelboot Show in Annapolis. Die teuersten Einzelanfertigungen von klassischen Yachten über 75 Fuß Länge wurden in den letzten fünf Jahren in dieser Bauweise gefertigt.

TIP

Auch in Deutschland spezialisieren sich vermehrt mittelständische Werften auf die Restauration oder den Neubau von klassischen Yachten, die die Vorteile von Holz und Epoxide-Materialien verbinden. Diese Neubauten sind erheblich teurer als Serienyachten, dafür erhält man eine schöne Yacht fürs Leben. Adressen von spezialisierten Yachtbetrieben gibt der Freundeskreis klassische Yachten. Adresse siehe Anhang.

30

Gebrauchte Yachten aus Stahl oder Aluminium

Hart wie Kruppstahl – bei Weltumseglern waren Yachten aus Stahl jahrzehntelang klar die Nummer Eins. Langsam aber sicher erobert sich Aluminium diese Position, obwohl die Kosten in Material und Verarbeitung deutlich höher liegen. Zudem sind Reparaturen an Aluminium-Rümpfen eine delikate Angelegenheit. Hohes Fachwissen und das richtige Schweißgerät sind Voraussetzung für eine fachgerechte Reparatur. An exotischen Ankerplätzen wird man kaum einen Schweißexperten für Aluminium finden. Stahlrümpfe kann wohl jeder Kfz-Mechaniker mit dem üblichen Schweißgerät wiederherstellen. An dieser Stelle sei vermerkt, daß die meisten Weltumsegelungen heute mit Kunststoffyachten durchgeführt werden, obwohl dieses leicht zu reparierende Material am empfindlichsten auf Grundberührungen reagiert. Grundberührungen lassen sich auf Langfahrt nie ausschließen,

wie jeder gestandene Segler weiß. Die schon legendäre Robustheit hart gesegelter Stahlyachten imponiert jedem Sicherheitsapostel. Die meist absolute Wasserdichtheit von Rumpf- und Deckverbindung sind ein weiteres Argument für Langzeit-Segler. Sehr viele Kunststoffyachten lecken an dieser Stelle, trotz umfangreicher Verschraubungen und zusätzlichem Überlaminieren der Rumpf-Deckverbindung. Wackelige Relingsstützen und damit verbundene Leckagen gibt es bei Metallyachten nicht. Bei Kunststoff- und Holzyachten sind Relingsstützen klare Schwachpunkte. Schließlich vollführen Metallyachten kein spürbares »Eigenleben« bei schwerer See. Viele Kunststoffyachten quietschen und biegen sich im groben Seegang so bemerkenswert, daß sich Schapptüren öffnen oder gar, wie bei einer fabrikneuen dänischen Mascot 35 DS von uns erlebt, sich der ganze Toilettenraum aus der Verankerung löste.

Regatta-Yachten aus Aluminium sind
meist dicht, seetüchtig und schnell.

In Metallyachten lassen sich große Tanks problemlos integrieren, auch dies spricht für die Verwendung als Schiff für Langfahrten. Unter dem Strich gesehen ist der Nutzwert von Metall- gegenüber Kunststoff-Yachten zumindest für Langzeitsegler höher. Man bekommt mehr Schiff fürs gleiche Geld, obwohl die reinen Baukosten des Rumpfes nur etwa 20 Prozent der Gesamtkosten ausmachen.

Dennoch entscheiden sich immer mehr Weltumsegler für Yachten aus Kunststoff. Das Angebot an seetüchtigen GFK-Yachten ist groß und preiswert wie nie zuvor. Findet ein Umdenken bei den Langzeit-Seglern in Richtung Kunststoff statt? Ganz sicher, weniger Arbeit am Boot versüßt das Langzeit-Seglerleben ungemein und der Weiterverkauf der Serien-GFK-Yacht ist einfacher.

Wie sieht das Angebot von gebrauchten Alu- und Stahlyachten aus?

Sehr gut gepflegte Stahlyachten werden meist unter der Hand verkauft. An erster Stelle sind hier die bewährten holländischen Cumulant-Stahlyachten Mangelware auf dem Gebrauchtbootemarkt. Weniger gut gepflegte Exemplare sind über Kleinanzeigen in den Fach-

zeitschriften recht schwer an den Mann zu bringen. Die einmal extrem preiswert gehandelten Wibos und Metas gehören meist in diese Kategorie. Die wahren Rostlauben aus dem Bereich der Selbstbauer verlieren in einem Jahr oft 30 bis 50 Prozent an Wert und sind praktisch unverkäuflich, obwohl es ihnen nicht unbedingt an der Seetüchtigkeit und solider Bausubstanz mangelt. Einige Schiffshändler verkaufen diese selbstgebauten Stahlyachten nur mit erheblichen Preisabschlägen oder in Kommission, »weil sich der optische Zustand in wenigen Monaten ohne fortlaufende Pflege dramatisch ändern kann,« erklärte uns ein bekannter Makler auf Mallorca.

Gebrauchte Aluminium-Yachten renommierter Werften, wie von Dübbel & Jesse oder Huisman-Yachten, sind heißbegehrte »Raritäten« auf dem Markt der Langzeit-Segler. Diese Schmuckstücke sind in Form und Ausstattung kaum von den besten Kunststoffyachten zu unterscheiden. Harmonische Rundspant-Rümpfe, statt der immer etwas »handgezimmert« wirkenden Knickspant-Rümpfe vieler Stahlyachten zeichnen sie aus. Nur wenige Stahlschiffe werden aufwendig geschweißt in Rundspantformen ge- fertigt. Keine Rostflecken »zieren« die Bordwände, wie bei fast allen Stahlyachten. Leckerbissen fürs Auge, aber wie sieht es unter der glatten Schale aus?

Elektrolyse tritt auf jeder Yacht aus Aluminium oder Stahl auf, sofern die falschen Materialien eingebaut wurden, oder Seewasser doch den Weg ins Schiffsinnere gefunden hat. Zwei ungleiche Metalle lösen in Verbindung mit Seewasser Elektrolyse aus. Dann zersetzt sich das schwächere Metall oft unbemerkt vom Eigner an einer uneinsichtigen Stelle, wie in der Bilge. Dieser Lochfraß durch Elektrolyse kann binnen weniger Monate dramatische Formen annehmen: Der Rumpf bekommt Löcher. Von einer selbstgebauten Aluminium-Yacht fiel an einem Ankerplatz bei Union Island/Karibik der mit Eisenbolzen

Holländische Wibo Knickspant-Stahlyacht 930. Bewährte Konstruktion ohne Zukunft. Die Werft ging in Konkurs.

befestigte Kiel ab. Wir verholten diese ansonsten sauber gebaute Yacht ins flache Ufer, sonst wäre sie nicht nur gekentert, sondern am Ankerplatz gesunken. Galvanisierte Stahlschrauben vertragen sich eben schlecht mit dem Rumpf aus Aluminium. Durch die Geschäftsaufgabe zahlreicher holländischer und französischer Werften, die auf hochseetaugliche Stahl- und Aluyachten spezialisiert waren, ist das Angebot von preiswerten neuen Metallyachten in letzter Zeit deutlich zurückgegangen. Dafür hat sich an der deutschen und polnischen Küste eine kleine Zahl technisch versierter Werften etabliert, die für Einzelanfertigungen prädestiniert sind. Die deutsche Kühnemund-Werft in Fellhorst oder die Hepas-Werft in Wilhelmshafen bauen hervorragende Aluyachten in Rundspantform. Eine Klasse für sich sind die Dübbel & Jesse Alu-Rundspant-Yachten, auch im Preis. Preisvorteile gegenüber einer

gleich großen Kunststoff-Yacht aus der Serienfertigung sind allerdings Illusion. Letztlich dürfte dies der Grund dafür sein, warum Metallyachten auch weiterhin nur von den echten Langzeit-Seglern gekauft werden.

T I P

Ohne fundierte Expertise eines Sachverständigen würde ich keine gebrauchte Aluminium- oder Stahlyacht kaufen. Bei Stahlyachten gibt es hinter der aufwendigen Isolierung und Innenraum-Verkleidung fast unzählige, verdeckte Schlupfwinkel, die nach spätestens zehn Jahren zu rosten beginnen. Deshalb fällt das Schiff nicht auseinander, aber eine teure und umfangreiche Korrosionsschutz-Nachbehandlung verschlingt bei einer 14-Meter-Yacht locker 25 000 Mark. Merke: Sandstrahlen scheidet im Innenraumbereich aus, sofern man auch in Zukunft menschenwürdige Zustände an Bord genießen möchte. Handarbeit ist angesagt.

31

GFK-Yachten: Erhöhtes Risiko durch Osmose?

W ie lange »lebt« eine gut gepflegte Kunststoffyacht? »Maximal 15 Jahre«, das war Mitte der 70er Jahre die Antwort bekannter Schiffsbau-Sachverständiger. Jetzt, Ende der 90er Jahre, wissen alle mehr. 30 Jahre alte, voll gebrauchstüchtige Kunststoffyachten, findet man in jeder größeren Marina. Das einstige Wundermaterial, glasfaserverstärktes Kunststoffharz, kurz GFK genannt, hat in den letzten zehn Jahren doch einige Macken abbekommen. Diagnose: Osmosebefall. Gebrauchte Yachten leiden in Jahresfrist an dieser bislang noch nicht gänzlich erforschten Krankheit. Oft sieht der im Wasser liegende Teil des Rumpfes wie die Oberfläche eines schwäbischen Streußelkuchens aus. Sticht der erstaunte Eigner solch ein Bläschen an, dringt eine übelriechende Flüssigkeit heraus. Sie ist von saurem Geruch und klebrig in der Konsistenz. Wahrlich eine Beulenpest, mit der nicht zu spaßen ist.

Das Laminat ist geschwächt und wird sich ohne grundlegende Renovierung langsam aber sicher selbst zerstören. Nur eine intakte, innige, wasserdichte Verbindung zwischen Harz und Matten hält die Struktur des Laminats zusammen. Sternförmige Risse im Gelcoat entstehen meist durch eine Überbelastung des Rumpfes. In die Risse dringt Wasser ein, Osmose wird sich über kurz oder lang bilden. Eine schlechte Oberflächenqualität der Gelcoat-Schicht kann über freiliegende Fasern der GFK-Matten Wasser ins Laminat eindringen lassen. Der Fachmann bezeichnet diesen Vorgang als Kapillarwirkung. Verarbeitungsmängel wie feinste Poren in der obersten Gelcoat-Schicht oder eine unzureichende Aushärtung fördert die Porosität und beschleunigt das Eindringen von Wasser in die Sperrschicht.

Das Osmose-Problem ist für die Werften und Eigner vielschichtig und meist eine Folge von mehre-

146

Schwerer Schaden an GFK-Yacht. Das verwendete Spritzlaminat ist nicht so widerstandsfähig wie Massiv-Laminat.

Ideale Vorsorge: GFK-Yachten sollten gegen die Osmose-Gefahr jedes Jahr für einige Monate »trockengelegt« werden.

ren Faktoren wie ungenügende Aushärtung, weniger geeignete Materialien und eine nachlässige Verarbeitung und letztlich auch eine falsche Behandlung beim jährlichen Unterwasseranstrich. In fast jeder Marina stehen osmosebefallene Yachten auf dem Trockenen. Der Hafenmeister gibt bereitwillig Auskünfte über die Patienten. Es wird nur ein gewisser Prozentsatz der Kunststoffyachten von der Osmose-Krankheit befallen, das Schwesterschiff kann durchaus kerngesund sein. Dennoch gibt es einige Anhaltspunkte für vermehrte Krankheits-Erreger. Der führende Yachtfarben- und Kunststoffhersteller International hat in einer langjährigen Untersuchung festgestellt, daß etwa 15% der Osmosefälle innerhalb der ersten drei Betriebsjahre aufgetreten sind, die restlichen 85% im Zeitraum von fünf bis sieben Jahren nach Indienststellung.

TIP

Nach fünf Jahren erlischt die Osmosefreiheit-Garantie der Werften!

Jetzt gehen wir der Sache auf den Grund. Die oberste Schicht des Laminataufbaus besteht aus einer kaum einen Millimeter starken Schicht Polyester, dem Gelcoat. Der Zweck dieser abschließenden Sperrschicht ist nicht nur eine perfekte Oberflächenglätte, sie schützt auch gegen das aggressive Salzwasser. Hier sei vermerkt, daß jeder Kunststoff zu einem gewissen Grad wasserdurchlässig ist. Seewasser diffundiert in die inneren Lagen des Laminats. Dort bilden sich chemische Verbindungen, die letztlich für die Bläschen sorgen. Das Laminat saugt sich wie ein Schwamm voll mit Wasser. Wird nun bei jedem Unterwasser-Anstrich die Rumpffläche mit dem Schwingschleifer oder dergleichen plan geschliffen, leidet darunter die oberste extrem dünne Gelcoat-Schicht.

Die Sperrwirkung läßt durch aggressive Wasserqualität und UV-Strahlung auf dem Trockenen nach. Im Laufe der Zeit wird Wasser ins Laminat eindringen. Die Erfahrung hat gezeigt, daß selbst Wasser in der Bilge zu Osmosebildung im Rumpf führen kann. Grundberührungen, Strandungen, auch kleinere Kratzspuren beschädigen die Gelcoat-Schicht, und das kann, muß aber nicht unbedingt, zur Osmosebildung führen. Beseitigt man diese Schleifspuren innerhalb von drei Wochen, dringt nach Meinung der Experten kein nachweisbares Seewasser in das Rumpflaminat ein. Die meisten Experten möchten alle Kunststoff-Rümpfe wenigstens vier Monate im Jahr auf dem Trockenen stehen sehen. Nur dann trocknet alles Wasser im Laminat und zwischen den verbliebenen Farbschichten aus. Die Wirkung erhöhter UV-Strahlung kann durch eine Abdeckung mit Planen zumindest etwas gemildert werden. In diesem Zusammenhang sah ich mir die Reparaturwerften einiger großer Mittelmeer-Marinas genau an. Dabei stellte ich über die letzten zehn Jahre hin fest, daß besonders teure Kunststoffyachten renommiertester Werften überdurchschnittlich oft Osmosebefall aufzeigten. Die Eigner dieser Yachten ließen bei jeder Winterüberholung die Rümpfe ihrer schnellen Yachten bestmöglich glätten. Glatte Rümpfe sind widerstandsärmer und damit schneller. Aber zu viel Pflege kann durchaus einem Kunststoff-Rumpf mehr schaden als nützen. Jetzt werden die faulen Yachties in die Hände klatschen. Gemach, auch bei nur oberflächlich abgekratzten Rümpfen kann Osmosebefall auftreten. Was tun?

Bei großflächigem Osmosebefall hilft nur ein totaler Neuaufbau des Gelcoats. Partielle Sanierungen sind möglich, aber meist kommt das Ausbessern zu spät. Die professionelle Osmosebehandlung verlangt einen totalen Abschliff der beschädigten Laminatstellen, danach Austrocknung über mindestens neun Wochen bei sommerlichen Temperaturen. Spezialisierte Zentren zur Beseitigung von Osmose des Farbenherstellers International arbeiten unter ganz geringen Temperaturschwankungen in temperierten Hallen, denn jede Art von Kondenswasser ist »Gift« für die Renovierung. Es erfolgt ein Neuaufbau mit wenigstens sieben Lagen GFK-Laminat höchster Güte. Darüber nachfolgende, mehrschichtige Sperrschichten aus besonders wasserresistenten Kunststoff-Farben, und erst dann der abschließende dreifache Auftrag mit neuer Unterwasserfarbe. Die Materialien dazu liefern, um die bekanntesten zu nennen, Yachtfarben-Hersteller wie Hempel oder International mit dem bewährten Zweikomponenten-Epoxid-Material Gelshield. Die 14 Liter fassende Packung kostet etwa 1300 Mark! Manche Werftbetriebe verlangen etwa 7000 Mark für eine professionelle Osmose-Vorsorgebehandlung für eine durchschnittliche 30-Fuß-Yacht. Die Osmose-Behandlung oder Reparatur ist ungleich teurer. Was verlangen deutsche Repara-

turbetriebe für die staubintensiven Schleifarbeiten? Bei einem Neun-Meter-Schiff kostet die Osmose-Behandlung wenigstens 15 000 Mark. Realistisch sind 20 000 Mark. Die Kalkulation liegt bei ca. DM 1250,- je qm Fläche, plus Material und Standgebühren. Vor preiswerten Angeboten mit 1000 Mark je qm inklusive Material kann ich nur warnen. Es wird ohne Kontrolle durch einen Kunststoff-Sachverständigen oft liederlich schlecht gearbeitet. Nicht wenige Yachtbesitzer wurden schon ein Jahr nach der Osmosebehandlung erneut geschockt, weil die Bläschen wieder auftraten. Farbenhersteller International gibt eine fünfjährige Garantie auf Osmose-Sanierungen, die von ihren Gelshield-Zentren durchgeführt wurden. Adresse siehe Anhang.

Nicht jede Blase ist ein Zeichen für Osmose. Hin und wieder bilden sich bei chemisch nicht verträglichen Farben, Spachtelmassen und Lösungsmitteln im Unterwasserteil vereinzelt Blasen. Die Lösungsmittel im Lack sind meist dafür verantwortlich. Wird solch eine Blase angestochen, darf keine Flüssigkeit austreten. Ist dann der Rumpf o.k? Letztlich hilft nur eine genaue Ultraschallmessung, ob der Rumpf

Dieser GFK-Rumpf lag ohne bewuchsschützenden Anstrich ein Jahr im warmen Seewasser. Die Osmose-Bläschen sind deutlich sichtbar.

osmosefrei ist oder nicht. Die kleinen Handmeßgeräte, Fachausdruck Protimeter, kosten etwa 350 Mark und sind bei richtiger Anwendung nützlich. Sie messen die Rumpffeuchtigkeit vom Wasserpaß bis zum Kiel. Steigt die Rumpffeuchtigkeit zum Kiel hin an, kann mit Einschränkungen auf Osmosebefall getippt werden.

Professionelle Osmose-Vorsorgeuntersuchungen kosten, von vereidigten Sachverständigen oder auch von Werftbetrieben durchgeführt, zwischen 500 und 3000 Mark, je nach Schiffsgröße und Zeitaufwand. Hier werden Bordwand, Kiel und Ruder mit Ultraschall-Aufzeichnungsgeräten abgetastet, ähnlich den Einsätzen in der Medizin. Zur Beweissicherung dient ein vierfarbiger Ausdruck. Er zeigt osmosebefallene Laminatteile in Farbschattierungen. Zudem läßt sich die innere Struktur der Laminatstärke feststellen. So kommt jede eingeschlossene Luftblase zum Vorschein, die durch zuwenig Anpreßdruck beim Laminieren entstanden ist. Luftblasen bedeuten immer eine Schwächung des Laminats.

Weil Osmose oft ganz unvermutet auftritt, kann dem Voreigner der gebrauchten Yacht nicht unbe-

TIP
Jeder Yacht-Kauf sollte nur unter dem Vorbehalt der sachkundigen Rumpf-Besichtigung und Ultraschallmessung auf dem Trockenen über die Bühne gehen

dingt das vorsätzliche Verschweigen eines elementaren Mangels unterstellt werden, der letztlich zur Annullierung des Kaufvertrags führen könnte. Siehe Mängelrügen auf Seite 79. Der gute Mann hat oft keine Ahnung, wie sein Dampfer unter Wasser aussieht.

Natürlich steigt mit dem Alter der Yacht auch die Wahrscheinlichkeit von Osmosebefall. Die oberste Gelcoat-Schicht nimmt stetig ab. Es kommt zu Verkreidungen durch UV-Strahlung auf dem Trockenliegeplatz. Dennoch gibt es viele 30 Jahre alte Kunststoffyachten, die noch kerngesund unter der Wasseroberfläche sind. Noch eine landläufige Meinung stimmt nach Erfahrungen von vereidigten Sachverständigen nicht unbedingt: Die im warmen Mittelmeerwasser liegenden Yachten sind keineswegs häufiger von Osmose betroffen, als die Kaltblütler aus Nord- und Ostsee. Auch im Süßwasser tritt Osmose auf.

TIP

Für neue Yachten sind heute fünf Jahre Osmosefreiheit-Garantie obligatorisch. Zehn Jahre lang möchte sich keine Werft an diese ziemlich »wachsweiche« Garantie binden. Kleingedrucktes im Kaufvertrag lesen! Denken Sie an die Durchrostungs-Garantie für Ihren PKW. Regreßansprüche und Nachbesserungen werden nur gewährt, sofern die Garantiebestimmungen vom Kunden eingehalten werden.

Einige Werften dürften in den nächsten fünf Jahren schon nicht mehr existieren, denn die Gerichte entscheiden bei Verbraucher-Prozessen immer häufiger zu Gunsten der Kunden. Nichts kostet mehr Zeit und Geld, als Nachbesserungen im Laminatbereich. Deshalb:

TIP

Sie sollten auf einem erhöhten Osmoseschutz durch zusätzliche Schutzanstriche beim Kauf einer neuen Yacht bestehen und bei gebrauchten Yachten einen Sachverständigen hinzuziehen, sofern Sie unsicher sind.

Experten sind sich einig: »Ein frisch gestrichener Rumpf an gebrauchten Yachten, die zur Besichtigung auf dem Trockenen stehen, ist übrigens eher ein Warnzeichen für eine vertuschende Kosmetik in Sachen Osmosebehandlung, als ein Zeichen für optimale Pflege. Wir empfehlen für jede gebrauchte Yacht eine vorsorgliche Osmose-Behandlung, denn letztlich entscheidet sie über den zukünftigen Gebrauchswert Ihrer wertvollen Yacht.«

Auch harmlos erscheinende Grundberührungen schwächen den Kielbereich. Mit ein paar überlaminierten Matten ist es nicht getan.

TIP

Interessenten für ein Gebrauchtboot sollten sich den Kielbereich innen und außen besonders sorgfältig anschauen und Mängelfreiheit im Kaufvertrag ausdrücklich bestätigen lassen. Nur so kann der Kaufvertrag annulliert werden.

Aufwendige Nachbesserungen kosten ein Heidengeld und sind ohne Ausbau der Inneneinrichtung selten durchführbar. Nach den Ausbesserungen passen die Innenschalen nicht mehr »ins Gebälk«. Strukturelle Schwächen erkennt man leichter an Haarrissen im Gelcoat. Ich würde die Finger vor solch einer weichen Kiste lassen. Unterdimensioniert laminierte GFK-Yachten sind in meinen Augen Schrott. Etwas mehr Rumpfstärke hat noch nie geschadet, deshalb würde ich mir nie eine noch so elegante gebrauchte Rennyacht zum Fahrtensegeln kaufen.

32

Schwachpunkt Bordelektrik

s gibt nach meinen Erfahrungen keine Yacht ohne Elektrik- oder Elektronik-Probleme.« So äußerte sich Eric Tabarly, Frankreichs Nationalheld in Sachen Hochsee-Segeln: 50 Jahre an der Pinne der berühmtesten Yachten. Mehrfach im Renntempo allein und mit Besatzung die Welt umsegelt, der Mann hat Erfahrungen von mindestens zehn »Seglerleben«, und an Geld hat es bei der Ausrüstung seiner Super-Yachten nie gemangelt.

Der Wert einer neuen oder gebrauchten Yacht richtet sich auch nach der Güte der mehr oder minder fachmännisch durchgeführten Verkabelungen und Anschlüsse der Zuleitungen. Die eingesetzte Arbeitskraft kann bei einem neuen zehn Meter langen Schiff durchaus um 50 Prozent teurer sein, verglichen zwischen einer guten und einer mäßigen Ausführung. Wegen der hohen Reklamationsrate frustrierter Neukäufer geben sich wohl alle bekannten Yachtwerften

Dauerproblem: Meistens kollabieren zuerst die stromführenden Anschlüsse. In diesem Fall fiel der Zentralcomputer ohne Vorwarnung aus.

inzwischen größere Mühe in der Installation der Bordelektrik. Der Elektronik-Boom und die Kehrseite der Medaille: Wie sieht es unter der Verkleidung bei gebrauchten Yachten aus? Auf fast allen gebrauchten Yachten wurden nachträglich »auf Deubel komm raus« neue Geräte eingebaut und daher wohl doppelt so viele Strippen gezogen, wie ursprünglich von Werftseite installiert. Daraus ergeben sich multiplizierende Fehlerquellen, die selbst der bisherige Bootseigner nur schwer lokalisieren kann.

TIP

Nach unseren Erfahrungen sollte auf fast jeder Yacht, die über zehn Jahre alt ist, die Elektrik komplett neu verlegt werden. Beste Qualität von Kabel und Anschlüssen zahlt sich an Bord langfristig gesehen immer aus.

Wer sich vor dieser bestimmt über 3000 bis 5000 Mark teuren Investition scheut, sollte zumindest sämtliche Anschlüsse der über 20 »Stromverbraucher« vom Kiel bis zum Topp überprüfen. In der Regel versagen nicht die elektronischen Geräte an sich, sondern die stromführenden Kabel und Anschlüsse.

Moderne Elektronik ist besser als ihr Ruf und quittiert trotz der Einflüsse durch salzhaltige Luft, ständige Vibrationen und schwankender Spannung erst nach etwa sieben bis 12 Jahren den Dienst. Sachverständige taxieren den Wertverlust moderner elektronischer Navigationshilfen und Selbststeueranlagen dennoch mit 50 Prozent innerhalb von drei Jahren nach dem Kauf! Der Wert der gebrauchten Yacht richtet sich also viel mehr nach der Bausubstanz, als an den toll aussehenden Navigationsinstrumenten.

Der absolute Schwachpunkt der Bordelektrik sind die Batterien. Vier Jahre alte, voll funktionsfähige Batterien sind die Ausnahme. Drei Jahre alte Exemplare sind gerade noch akzeptabel. Nicht selten sind zweijährige Exemplare schon geschädigt. Oft wird von Segel-Neulingen argumentiert: »Bei meinem Auto funktioniert die Batterie seit sieben Jahren, das muß doch bei der geringeren Belastung auch auf dem Boot funktionieren.« Der Vergleich mit dem Betrieb im PKW hinkt, weil die Fahrzustände eines PKW und eines Segelboots völlig anders sind. Die Autobatterie wird nach der hohen Startbelastung sofort nachgeladen. Standzeiten von mehreren Monaten gibt es selten, und dadurch erhöht sich die durchschnittliche Lebenserwartung der PKW-Batterie um mindestens 50 Prozent gegenüber einer Bootsbatterie. Die sehr teuren Gel-Bootsbatterien eignen sich in erster Linie als Versorgungsbatterien von zahlreichen Stromverbrauchern. Sie sind nach meinen Erfahrungen ihr Geld wert. Beim Kauf einer gebrauchten Yacht würde ich zwei Jahre alte herkömmliche »auffüllbare« Boots-Batterien nach zwei Jahren Benutzung auswechseln, oder zumindest die Starterbatterie vorgeladen und unbenutzt als eiserne Reserve mitführen. Stimmt die E-Bilanz der gebrauchten Yacht? Unter dem Begriff E-Bilanz wird der ganze Komplex Ladeeinrichtung durch den Generator (Lichtmaschine) und Landstrom-Ladegerät und die dazugehörige Batteriekapazität bezeichnet. Solargeneratoren und Windgeneratoren ergänzen nur die E-Bilanz. Primär muß der motorgetriebene Generator zur Batteriebank passen.

Die meisten Bordbatterien werden bei Motorfahrt nie ganz voll geladen, verlieren dadurch ihre Leistung und sulfatieren. Das Landstrom-Ladegerät ist von seiner Ka-

Bewährter Stromlieferant: Windgeneratoren ergänzen sich ideal mit Solargeneratoren.

pazität her oft zu schwach ausgelegt und kann die Batterien nicht voll laden. Fazit: Wir fahren stets mit halb oder viertelgeladenen Batterien übers Meer. Darunter leidet die Lebensdauer der Batterien. Neue bordgeeignete Gel-Batterien mit ca. 200 AH kosten über 1000 Mark, ein perfekt abgestimmter (Lichtmaschine) ca. 800 DM, und ein zur Batterieart und Kapazität passendes Landstrom-Ladegerät kostet mindestens 600 DM. Es sind teure, aber sinnvolle Investitionen für ein weniger stressiges Segeln. (Ein wirklich empfehlenswertes Buch zu diesem Thema ist erschienen im Pietsch Verlag. Titel: »Energiemanagement auf Se. Jachten.« Autor: Wilhelm Greiff).

33

Bootsreparaturen – Der Kostenvoranschlag

Wie verbindlich ist ein Kostenvoranschlag? Reicht eine mündliche Vereinbarung, oder muß jeder Kostenvoranschlag schriftlich be-

Motorreparatur durch festgerostete Kolben. Kostet etwa 6000 Mark.

stätigt werden? Kann ich die Bezahlung der Reparaturrechnung auf die maximale Höhe des Kostenvoranschlags begrenzen? Nach deutschem Recht darf der Bootsmechaniker seinen schriftlichen Kostenvoranschlag um zehn bis 20% überziehen, wenn es dafür stichhaltige Gründe gibt, die er dem Kunden mitteilen muß. Im Ausland sind Kostenvoranschläge oft reine Makulatur. Auch innerhalb der EU besteht keine Rechtsverordnung, die für die EU-Bürger bindend wäre.

Nachträgliche Änderungen schlagen sich auf jede Reparatur-Rechnung nieder. Der Kunde kann in diesem Fall nicht auf der vorher festgelegten maximalen Summe bestehen. Die Begleichung der Rechnung nur bis zur Höhe des Kostenvoranschlags ist rechtlich nicht haltbar. Andererseits kann der Handwerker nicht ungefragt teurere Ersatzteile einbauen, was leider immer wieder der Fall ist. Im örtlichen Segelverein ist wohl jeder Bootsmechaniker bestrebt, die Reparatur zur Zufriedenheit des Kunden auszuführen, denn nichts schadet dem heimischen Betrieb mehr, als ein schlechter Leumund. Die »krummen Hunde« sind leider beim Seglervolk immer öfter anzutreffen. Da werden Reparaturrechnungen mit fadenscheinigen Argumenten verspätet oder gar nicht bezahlt. Ich will nicht in den Verdacht geraten, in irgend einer Art polemisch zu sein, aber es ist leider eine Tatsache, daß einige deutsche, französische und italienische Wassersportler in spanischen Marinas auf den Balearen schon unangenehm aufgefallen sind, weil korrekt abgefaßte Reparaturrechnungen nicht bezahlt wurden. Die anschließende Probefahrt wird dann zur Flucht aus der Marina benutzt.

Man muß sich deshalb nicht wundern, wenn ausländische Fachbetriebe bei großen Reparaturaufträgen eine A-Konto-Zahlung verlangen. Das interne Informationsnetz der bedeutenden Reparaturbetriebe an der französischen Côte d'

Azur funktioniert bestens. Die Mechaniker kleben eine Firmenplakette mit dem Datum der letzten Reparatur oder Inspektion auf den Anlasser oder Dieselfilter. Der nächste Mechaniker ruft vor einer größeren Reparatur beim Kollegen an, und dann stellt sich rasch heraus, ob dieser Kunde auch in Ordnung ist. Ein mir gut bekannter Motoren-Ingenieur arbeitet seit Jahren für große, international tätige Charterunternehmen am Mittelmeer. Seine Berufserfahrung drückt sich in dieser Form aus: »Die meisten Fahrtensegler sind absolut ehrliche Leute, gefährlich für uns Handwerker sind die Neureichen und Möchtegern-Segler. Bei ihnen setze ich die Reparaturkosten so hoch an, daß meine Rechnung trotz einem eventuellen Abzug stimmt. Bei Kosten von über 2000 Mark verlange ich grundsätzlich eine A-Konto-Zahlung fürs Material.«

Wie verhält sich der Profimechaniker bei schriftlichen Kostenvoranschlägen, die dem in der Heimat weilenden Kunden zugeschickt werden? Mein Spezi sagt. »Bei langjährigen Kunden rufe ich nur an, und die Reparatur wird ausgeführt und auch bezahlt. Bei neuen Kunden setze ich den Kostenvor-

Widerstandsfähiger Stahlyacht-Knickspantrumpf. Mast und Einrichtung trugen nach dem Sturmschaden schwere Schäden davon.

anschlag erst nach sorgfältiger Besichtigung vor Ort am Schiff fest. Dann hole ich mir per Fax die neuesten Ersatzteil-Preise ein. So gerüstet setze ich ohne Zeitdruck den Kostenvoranschlag auf und faxe ihn dem Kunden zu. Er faxt mir die Bestätigung zurück. Damit besteht für mich rechtens ein Vertrag, bei dem die Kalkulation Bestandteil ist. An diesen Kostenvoranschlags-Vertrag halte ich mich strikt. Er ist für den Kunden und für mich eine Festpreis-Garantie. Alle Segler honorieren diese Regelung, obwohl sie wissen, daß der Preis eventuell etwas höher liegt, als bei einer eher flüchtigen Kostenkalkulation.«

Der Mann hat recht. Nach dem Gesetz ist eine schriftliche Bestätigung des Kostenvoranschlags nun für beide Seiten ein verbindlicher Vertrag! Werden Änderungen, und damit höhere Reparaturkosten im Laufe der Reparaturarbeiten eventuell nötig, empfiehlt sich eine weitere schriftliche Bestätigung für beide Seiten. Mein Freund arbeitet nach dem Schema: step by step. »Für jeden größeren Reparaturabschnitt wird ein Kostenvoranschlag und eine Rechnung erstellt. Zum Beispiel wird der Motor ausgebaut und in die Werkstatt gebracht. Dafür wird bezahlt. Dann wird der Motor zerlegt und überprüft. Erst jetzt folgt der endgültige Kostenvoranschlag für die Reparatur der Kurbelwelle. Der Einbau und Probelauf sind dann die dritte Stufe des Vertrags.«

Wie verhält sich der Profimechaniker bei einer Nichtbezahlung der Rechnung? »In meiner über 20jährigen Berufspraxis mußte ich ein Mal eine Yacht sicherstellen, weil die Eigner über Mittelsmänner das Schiff aus dem Hafen verholen wollten. Ich setzte die Yacht mit dem Travellift einfach an Land, und damit auf meinen eingezäunten Grund und Boden. Nach vier Wochen bezahlte der Eigner der Yacht zähneknirschend die Reparatur-Rechnung und zudem die Hälfte der Liegeplatzkosten an Land.«

TIP

Die einzigen Profiteure vor Gericht sind die Rechtsanwälte. Lassen Sie sich nicht den Spaß am Wassersport durch vermeidbare Fehler bei Reparaturaufträgen und Kostenvoranschlägen verleiden. Ein Vergleich vor Gericht schmerzt und schadet letztlich nur Ihrer Bordkasse.

159

34

Sachverständiger gefragt?

I n Deutschland sind einige Berufsbezeichnungen nicht geschützt. So kann sich jeder Bäckerlehrling Anlageberater nennen und dem Chef die Kohle aus der Nase ziehen. Ähnlich verhält es sich leider auch mit dem Begriff Schiffahrt-Sachverständiger oder auch Gutachter. Nicht wenige selbsternannte Wassersport-Gutachter sind nur auf eine schnelle Mark aus und fertigen nach eigenem Gutdünken Yacht-Expertisen an, die ihr Geld nicht Wert sind und vor Gericht keinen Bestand haben.

TIP
Vorsicht ist immer geboten, wenn ein Gebrauchtboote-Händler einen Gutachter vorschlägt, »mit dem wir schon viele Jahre bestens zusammenarbeiten.« Dieser Gutachter muß nicht, kann aber überhöhte Wertvorstellungen für das Objekt angeben. Der Gelackmeierte ist der Käufer, der nichtsahnend einen zu hohen Preis akzeptiert hat.
Unabhängige Sachverständige und Gutachter werden von den Industrie- und Handelskammern auf ihren Sachverstand und ihre Neutralität überprüft und auf Anfrage genannt.

Kein leichter Beruf, den man in einigen Wochen lernen kann. Die bestellten und auch vereidigten Sachverständigen und Gutachter sind bei rechtlichen Auseinandersetzungen vor Gericht anerkannt, und werden auch vom Gericht bestellt. Solch einem Sachverständigen-Gutachten kann man vertrauen. Anschriften finden Sie im Anhang.

Beim Verkauf oder Kauf einer gebrauchten Yacht kann der beauftragte Sachverständige regulierend wirken. Viel böses Blut wird vermieden, wenn sich beide Seiten auf das vorher auszuhandelnde Wertgutachten des Gutachters einigen. Üblich sind etwa 150 DM Honorar je Stunde, plus Nebenkosten wie An- und Abfahrt, sowie Foto- und Schreibmaterial. Ich würde eine pauschale Regelung, z. B. 1500 DM für eine sieben Jahre alte gebrauchte Serienyacht zum Zeitwert von etwa 100 000 Mark veranschlagen. An- und Abfahrt maximal zwei Stunden. Davon zahlt jede Partei 750 DM. Nicht jeder Sachverständige läßt sich auf eine pauschale Bezahlung ein. Nachfolgend ist im Originalwortlaut die Bestätigung über die Bauaufsicht eines etwa 300 000 Mark teuren Motorseglers geregelt. Der vereidigte Sachverständige bekommt vom zukünftigen Eigner der neuen Yacht bestätigt:

Bauaufsicht-Bestätigung

Der guten Ordnung halber bestätige ich hiermit Herrn F..., daß ich seinen Gebührensatz anerkenne und daß ich ihn beauftrage, nach Terminabsprache mit mir die Arbeiten am Bau meines Motorseglers, Typ ..., auf der Werft in Bremen zu überwachen. Dafür bezahle ich Herrn F..., wie von diesem angeboten, für jeden Kontrollbesuch auf der Werft bzw. jede Abnahmefahrt auf der Weser DM 1300.- plus 15% MWSt.

Für eventuell sich als nötig erweisende und von mir gewünschte schriftliche Protokolle oder Gutachten während der Bauzeit wird von Herrn F... je DM 200.- plus Mehrwertsteuer berechnet, sowie für das schriftliche Abnahme-Gutachten nach der Probefahrt DM 350.- plus Mehrwertsteuer.

(Ort, Datum)

(Unterschrift)

Die fachliche Qualifikation des Sachverständigen wirkt preisregulierend.

Sachverständige sind auf einigen Werften nicht so gerne gesehen, weil den Arbeitern und Handwerkern genau auf die Finger geschaut wird. Deshalb muß schon im Kaufvertrag zwischen Werft und Käufer eine Regelung gefunden werden. Der Sachverständige verlangt die Bestätigung des Käufers vor seinem ersten Kontrollbesuch bei der Werft. Hier ein Originalschreiben:

Käufer-Bestätigung

Der Ordnung halber bestätige ich hiermit Herrn F..., daß er in meinem Auftrag die Arbeiten an meiner im Bau befindlichen Yacht vom Typ ... überwachen soll und daher immer, auch unangemeldet, während der Werftarbeitszeiten Zutritt zu meiner Yacht hat.

(Ort, Datum)

(Unterschrift)

Umgestürzte Stahlyacht. Die hochwertige Möblierung muß fast komplett erneuert werden. Der Sachverständige muß taxieren.

Es hat gekracht. Der Unfallgegner will nicht die geforderten Reparaturkosten in voller Höhe bezahlen, und seine Versicherung läßt nicht mit sich handeln. Jetzt ist ein unabhängiger Sachverständiger Ihre

letzte Hoffnung. Reparaturkosten einer unfallgeschädigten Yacht sind schwer zu taxieren. Man kennt die Probleme schon bei teuren Mittelklassewagen, und bei echten Raritäten wie einem 60 Jahre alten Bentley Six kommen selbst erfahrene Sachverständige ins Schwitzen. Ähnlich verhält es sich mit Reparaturen von Oldtimer-Yachten oder One-Design-Rennyachten.

TIP

Zwei unabhängige Sachverständige einschalten, einen von der gegnerischen Versicherung und zudem einen selbstbestellten Gutachter, der die eigenen Interessen vertritt. Dann den Mittelwert der Schadensfeststellung akzeptieren. Vor Gericht kann ich ein Gegengutachten zum bestellten Sachverständigen vorlegen oder auch verlangen. Unter dem Strich gesehen wird es immer zum Vergleich kommen.

Rarität: Dreimast-Luxusyacht gekonnt restauriert. Wert etwa zehn Millionen DM.

Wozu kann eine vereidigter unabhängiger Sachverständiger noch gut sein? Auszug aus den Geschäftsbedingungen eines bekannten Sachverständigenbüros mit 15 Mitarbeitern:

»(...) Gezielte Suche nach einer vom Kunden gewünschten Yacht im In -und Ausland. (...) Erstellung von theoretischen Marktwerttaxen für ausgewählte Yachten. (...) Abfassung von Kaufverträgen. (...) Schriftliche Kaufhilfe durch praxisorientierte Hinweise für Käufer einer Yacht. (...) Kaufbegutachtung und schriftliche Kaufhilfegutachten mit Marktwerttaxe. (...) Beratung in allen die Sportschiffahrt betreffenden Fragen, z. B.

- *in Streitfällen,*
- *durch Gutachten und Wertfeststellungen für Privat, Banken,*
- *Gericht und Zoll,*
- *bei dem Bau von Werften und Yachthäfen,*
- *durch Bauberatung, Bauaufsicht, Abnahme- und Probefahrten,*
- *betreffs Charter und Verchartern, Segelschulen, Ausbildung in praktischer und theoretischer Navigation, Sicherheit auf See, Yachtzubehör,*
- *Hilfe bei der Suche nach Sommer- und Winterliegeplätzen im In- und Ausland.«*

Lohnt sich bei einem privaten Yachtverkauf ein Sachverständigen-Gutachten wirklich? Für den Neuling im Wassersport mit Sicherheit. Auch telefonische Auskünfte und Beratungen müssen honoriert werden. So verlangt ein bekannter vereidigter Sachverständiger folgende Summe von seinem neuen Kunden, der eine 35-Fuß-Segelyacht kaufen möchte.

Rechnung

Sehr geehrter Herr ...,

für die heutige telefonische Beratung einschließlich Vorbereitung mit Studium Ihrer Unterlagen erlaube ich mir, Ihnen in Rechnung zu stellen:

insgesamt 4 Stunden à DM 150.-	*=*	*DM 600.-*
15% Mehrwertsteuer	*=*	*DM 90.-*
	=	*DM 690.-*

Ich bitte um Überweisung auf eines meiner o. g. Konten.

Mit freundlichen Grüßen

Anerkannte Fachkenntnisse müssen immer teuer bezahlt werden. Kann ich das Geld nicht doch einsparen? Für mich ganz persönlich bleibt es eine schwierige Frage, weil ich bislang nur in einem Fall Probleme mit der Mängelbeseitigung einer fabrikneuen deutschen Yacht hatte. Interessanterweise war der Konstrukteur der Yacht ein international anerkannter Bootsbau-Sachverständiger und Innungsobermeister. Dennoch brach der Ruderkoker an unserer Yacht etwa 250 Seemeilen vor Madeira, und wir hatten einige Mühe, die Yacht am Schwimmen zu halten. Letztlich bekam ich 5000 Mark für die Schadensregulierung bezahlt, weil ein von mir bestellter Gutachter die Konstruktion als nicht ausreichend stabil einschätzte. Die Werft akzeptierte dieses Gutachten, und damit war der Fall vom Tisch.

Für alle anderen Mängelbeseitungen einigte ich mich mit dem Werftvertreter ohne Sachverständigen-Gutachten.

TIP
Bei versteckten Fehlern und Mängeln und bei jedem größeren Reparaturauftrag über etwa DM 5000.- würde ich ohne Zögern einen erfahrenen Sachverständigen bestellen.

35

Rechtsschutz-Versicherung: Anwalt zum Nulltarif?

Statt einer Vereinfachung der Gesetze und Verordnungen erleben wir fortlaufend Rechtsunsicherheit, auch beim Kauf und Verkauf von Yachten. Wohl jeder zweite Kaufvertrag hat Mängel, und was Privatleute sich gegenseitig unterschreiben, ist vor Gericht oft kaum das Papier wert.« Kommentar eines wassersportbegeisterten Seglers und Rechtsanwalts.

Eine passende Rechtsschutz-Versicherung beruhigt ungemein. Obwohl alle Anbieter von Rechtsschutz-Versicherungen Hilfe bei einer möglichen rechtlichen Auseinandersetzung versprechen, hängt die erbrachte und bezahlte Leistung ganz wesentlich vom Versicherer ab. Fast alle Versicherer verlangen einen nicht unbeträchtlichen Eigenanteil. Löbliche Ausnahme ist der ADAC. Bei rechtlich unsicherer Beweislage kann der Versicherer auch den Gang vor Gericht ablehnen. In diesem Fall nützt die Rechtsschutz-Versicherung gar nichts. Man bezahlt den Gerichtsweg aus eigener Tasche nebst Rechtsanwaltskosten.

Versicherungsfälle, die bereits vor Versicherungsbeginn eingetreten sind, werden von keiner Rechtsschutz-Versicherung gedeckt. Bei Vertragsbeginn, das Datum steht im Dokument, startet mit seriösen Anbietern der Schadenersatz- und Verteidigungs-Rechtschutz. Der bei Kauf und Verkauf von Yachten so wichtige Vertrags-Rechtschutz beginnt beim ADAC erst nach einer mindestens zweimonatigen Wartezeit. Weniger kulante Anbieter setzen die Wartefrist auf drei bzw. sogar sechs Monate fest.

Bei einigen Anbietern scheiden Rechtsansprüche grundsätzlich aus, wenn der betreffende Gegenstand, also die Yacht, auch nur teilweise für geschäftliche Zwecke, z. B. Vercharterung, verwendet wird. Hier wird klar zwischen privatem und beruflichem Rechtschutz unterschieden. Weiter müssen Sie vor Unterzeichnung prüfen, ob die Familienmitglieder mitversichert sind. Nicht bei allen Rechtsschutz-Versicherungen ist dies der Fall.

Alle Versicherer, wie DAS, ADAC, Allianz, R&V-Sparkassen-Versicherungen etc., bieten den Verkehrs-Rechtsschutz gemäß § 21 VRB an. Hier sind PKW, Anhänger, Wohnwagen etc. und auch motorisierte Boote enthalten. Zusätzlich muß der Fahrzeug- und Fahrer-Rechtsschutz gemäß §§22/23 VRB abgeschlossen werden.

Sie bezahlen beim ADAC etwa DM 89.- für den PKW, für ein weiteres Fahrzeug, Ihr Segelboot mit Hilfsmotor, etwa DM 48.-, plus ca. DM 140.- für den nötigen Vertrags-Rechtsschutz jährlich. Die Motorleistung entscheidet mit über die Prämie. Größere Motorboote werden bei 150 PS Leistung mit ca. DM 190.- im Verkehrs-Rechtsschutz und zzgl. für Vertrags-Rechtschutz mit ca. DM 560.- pro Jahr belastet. Diese Prämien sind noch moderat im Vergleich zur Konkurrenz. Grundsätzlich ist die jährliche Mitgliedschaft im ADAC für den Abschluß der ADAC-Rechtsschutz-Versicherungen vorgeschrieben.

Der Geltungsbereich Ihrer Rechtsschutz-Versicherung ist im Vertrag festgelegt. Eine weltweite Deckung bietet nach unseren Recherchen keine Versicherung an. Die ADAC-Rechtsschutz-Versicherung gilt z. B. in Europa, den asiatischen und afrikanischen Anrainerstaaten des Mittelmeers, auf den Azoren, Kanarischen Inseln und Madeira – eine großzügige Regelung für Touristen und die meisten Wassersportler. Karibik-Fans verlassen allerdings den Geltungsbereich ab den Kanarischen Inseln! Andere Versicherer beschränken sich auf das Festland Europa. Die Kanarischen Inseln sind dann nicht mitversichert. Ganz prinzipiell lassen alle Versicherungen mit sich handeln. Eine Erweiterung des Geltungsbereichs ist durchaus möglich, nur muß dies vor Vertragsabschluß geklärt werden.

Schließlich sind Doppelversicherungen ein heißes Eisen. Die meisten Rechtsschutz-Versicherungsgesellschaften treten erst dann in die Leistung ein, wenn der Vorvertrag endet. Wenn Sie z. B. bei einer der großen Autoversicherungen einen Verkehrs-Rechtsschutz zusätzlich zur Haftpflicht etc. abgeschlossen haben, tritt die ADAC-Rechtsschutz-Versicherung erst dann in Aktion, wenn Sie die andere Verkehrsrechtsschutz-Versicherung gekündigt haben. Doppelversicherungen sind unnötig und verzögern auf jeden Fall die Bearbeitung Ihrer berechtigten Ansprüche. Die Ausführungen zeigen, daß der Abschluß einer Rechtsschutz-Versicherung wohl überlegt sein will, denn auch bei Versicherungen gibt es nichts umsonst. Eine gute Adresse für Ihre Fragen ist auf jeden Fall der Bootsversicherer. Pantaenius in Hamburg berät Sie nach unseren Erfahrungen absolut korrekt über Ihre Belange als Segler. Auch beim ADAC und anderen Anbietern werden Sie ein offenes Ohr vor Vertragsabschluß finden. Der Gesetzgeber sollte den Paragraphen-Dschungel gründlich durchforsten und für klare vergleichbare Verhältnisse sorgen. Fachadressen siehe Anhang.

Teil III – Gewagt und gewonnen: Die Yacht ist gekauft

36

Eignergemeinschaften – geteiltes Leid, doppelte Freud?

Segeln war schon immer ein teurer Sport. Auf mehrere Schultern verteilt könnte dies für alle Beteiligten sinnvoll sein. Kann es auch, nur wer kennt sich schon mit seiner eigenen Psyche wirklich aus? Ein handfester Krach ist vorprogrammiert: »Du teilst auch nicht Deine Frau mit Deinem besten Freund.« Hat mein Spezi recht, oder ist etwas Positives dran an der verlockenden Vor-

Französischer F28-Rennkatamaran. Basis für eine sinnvolle Eignergemeinschaft.

stellung, daß fortan alle Kosten geteilt werden? Tatsache ist, daß die durchschnittliche Nutzungsdauer der meisten privaten Yachten bei unter 60 Tagen pro Jahr liegt. Mit einer Nutzungsdauer von 180 Tagen sind heißgefragte Charteryachten im Mittelmeer optimal gebucht. Halten wir fest: an weiteren 120 Tagen könnte die private Yacht also problemlos von einem zweiten oder dritten Eigner gesegelt werden.

Von der Kostenseite her kann eine freundschaftlich verbundene Eignergemeinschaft nur profitieren. Der Kauf einer neuen, eventuell eine Nummer größeren Yacht, zwingt zu einer konzertierten Aktion. Alle Beteiligten bringen ihre Wünsche und Geldmittel ein. Der Kauf einer neuen oder auch gebrauchten Yacht ist die eine Seite. Richtig teuer sind die Liegeplatz- und Wartungskosten. Darin eingeschlossen ist das nötige und unnötige Zubehör, sowie die Nebenkosten wie Versicherungen und zahlreiche Reisen zum Liegeplatz. Unter 15 000 Mark im Jahr läßt sich keine zwölf Meter lange Yacht am Mittelmeer ordentlich pflegen und betreiben.

Geteilt durch drei Eigner ergibt das 5000 Mark pro Nase, das hört sich preiswert an.

Setzen wir einmal voraus, daß sich die drei Freunde einig sind und die Ehefrauen auch mitspielen. Letzteres ein Faktor, der gerne übersehen wird. Das Schiff wird im Frühjahr ausgeliefert, die Mängel halten sich in Grenzen, alle sind happy bis zum 30. Oktober. Die erste Bewährungsprobe steht an. Das Boot muß fürs Winterlager endlich aus dem Wasser, geschrubbt und gewienert werden, und bald stehen die üblichen Winterüberholungsarbeiten an. Ein Bekannter von mir hat eine dreijährige Eignergemeinschaft hinter sich. »Glaube mir, es war frustrierend. Drei Jahre lang die gleiche Tragödie. Karl und Uli wollten Skifahren gehen, ich mußte in der eiskalten Halle am Schiff arbeiten. Als ich dafür zwei Wochen mehr Segelurlaub zur Hochsaison wollte, bekam ich eine glatte Absage.« Schließlich hätte man die Nutzungszeiten jedes Jahr eindeutig festgelegt. »Wir hatten einen richtigen Vertrag unterzeichnet, damit wir allen Streitereien schon im Vorfeld begegnen konnten. Pustekuchen. Mir platzte der Kragen, und ich verkaufte den beiden meinen Anteil weit unter Wert.« Es gilt nachzutragen, daß Karl bald auch die Anteile von Uli übernehmen mußte. Der fliegt jetzt im Winter in die kanadischen Rocky Mountains zum Heli-Skifahren, und sommers chartert er eine Yacht in Griechenland. Mein Bekannter ist von der sogenannten Seglerkameradschaft so genervt, daß er zum Ausgleich Marathon läuft und den Pilotenschein macht.

Wieso ging alles schief? In den letzten drei Jahren wurde ich ein paar Mal gedrängt, Mitglied einer neu zu gründenden Eigner-Gemeinschaft zu werden. Bislang habe ich immer abgesagt, weil ich mich etwas genauer kenne. Die eigene Yacht hat für mich absolute Priorität. Für die Mehrzahl der gelegentlichen Segler sind Yachten wie ein schöner Sportwagen. Man hat seinen Spaß daran, und wenn er Mucken macht, wird er gegen einen neuen eingetauscht. Für mich verbindet sich mit der Yacht ein großes Stück Lebensqualität, und die möchte ich, pardon, nicht mit Hinz und Kunz teilen, sondern nur mit den Personen, die ich liebe und schätze. Zweifellos eine finanztechnisch unvernünftige Einstellung, aber der Egoismus steckt in mir. Sollte ich mir keine eigene Yacht mehr leisten können, werde

ich Kanufahrer. Das Wildwasser hat auch seine Reize.

Für liberaler eingestellte Menschen kann der gemeinsame Besitz einer ansonsten nicht selbst finanzierbaren Yacht dennoch interessant sein. Die ideale Zweckverbindung und Konstellation aus drei Eignern könnte so aussehen: Der Erste ist der »cleverste Einkäufer«, der Zweite der »erfahrenste Segler«, und der Dritte, der »beste Techniker«. Aufgabenteilung klare Sache, Befehl wird ausgeführt. Alle drei sind Junggesellen mit Freundinnen. Das System funktioniert im Regattasport sehr gut.

Hier ist das Ziel klar definiert: Regattasiege und Spaß am schnellen Boot. Spätestens nach drei Jahren wird die Yacht weiterverkauft, der Wertverlust wird durch drei geteilt, eine saubere Rechnung ohne Verlierer.

Mit verheirateten Seglern wird eine Eignergemeinschaft beträchtlich komplizierter. Die Ehemänner müssen ganz zwangsweise mehr Rücksicht auf die Belange der Familie aufwenden. Nur sehr wenige Ehefrauen akzeptieren den direkten Vergleich mit anderen Seglerfrauen: »Die Elfi zieht auch den Blister hoch, warum Du nicht?« Sprengstoff selbstgemixt, schädlich fürs Klima an Bord. Nicht wenige, etwas ältere Seglerfamilien sind heillos zerstritten, weil die persönlichen Freiräume durch das gemeinsame Schiff eingeschränkt sind. Zwischenmenschliche Probleme gab es bei einem Bekannten von mir. Und woran ich gar nicht erst ausführlich denken möchte, sind die Probleme, die auftreten, wenn die Ehe eines der drei Eigner in die Brüche gehen sollte. Drei leitende Mitarbeiter eines bekannten süddeutschen Autokonzerns investierten gemeinsam in eine 52 Fuß große englische Oyster-Segelyacht. Kostenpunkt über eine Million Mark. »Es herrschte bei uns immer ein gewisser Leistungsdruck zwischen den Familien. Das fing beim Steuern an und endete abrupt bei einem mißglückten Anlegemanöver. Man warf mir vor, ich sei ein miserabler Segler, der das schöne neue Schiff zu Schrott fahren würde. Dabei wurde von meinem Geschäftskollegen die Springleine falsch bedient. Ich bezahlte die 2500 Mark Reparaturkosten aus eigener Kasse und kündigte die Eignergemeinschaft sofort auf.« Weil der zweite Teilhaber noch schwer an den Abzahlungen seines Zweifamilien-Anwesens knabberte, beschloß man

spontan, die Yacht schnellstens zu verkaufen. Der Wertverlust betrug 325 000 Mark in neun Monaten. »Dies wollte mein Bekannter nicht akzeptieren und erstattete Anzeige wegen Betrugs. Der Yachtmakler machte gemeinsame Sache mit den Kollegen, und ich war der Dumme«, mutmaßte mein Bekannter. Letztlich zog er die Anzeige zurück, weil die Sache im Autokonzern die Runde machte. Er nahm eine weniger attraktive Stellung im Ausland wahr und hat vom Segeln seitdem die Nase voll. Die beiden anderen Kollegen fahren jetzt auf getrennte Kassen. Der eine segelt eine gebrauchte 40-Fuß-Jeanneau an der spanischen Mittelmeerküste, der andere chartert in der Türkei.

Diese ganz und gar unerfreuliche Geschichte hätte durchaus vermieden werden können, wenn die drei Kollegen nebst Familien eine etwas handlichere Yacht gekauft hätten, und jede Familie für sich den Urlaub genossen hätte. Mit der seglerisch anspruchsvollen Oyster-Luxusyacht war das Abhängigkeitsverhältnis einfach zu groß. Zudem steigert persönlicher Leistungsdruck unter etwas älteren Kollegen oft die Aggressivität bis zum großen Knall. Die Kompromißbereitschaft läßt im Alter einfach nach. Zwischen jüngeren Familien klappt die Verständigung meist weitaus besser, weil die Ansprüche nicht überzogen sind. Oft sind es Kleinigkeiten, die das harmonisch gestartete »Verhältnis« mit dem neuen Schiff und den Eignern erkalten lassen. Ein Seglerfreund erzählte mir: »Ich stellte bei meinem weit im voraus geplanten Segelurlaub gleich zu Be-

ginn einen Riß im Großsegel fest, der offensichtlich durch einen verklemmten Mastrutscher entstanden war. Mir wurde dieser Schaden glatt verheimlicht. Ich fühlte mich angeschmiert und verlor zu-

dem zwei Urlaubstage beim Segelmacher durch die Reparatur. Meine Frau und die beiden Kinder gaben mir die Schuld für das Dilemma, weil ich »die Sache nicht richtig im Griff hätte«. Bei meinem nächsten Törn waren die Batterien fast am Ende, nur weil mein anderer Kumpel und Miteigner das Ladekabel für die Bordbatterien nicht angeschlossen hatte. Unter dem Strich gesehen waren meine beiden Miteigner nicht in der Lage, die von uns gemeinsam erstellte Checkliste beim Verlassen der Yacht auch einzuhalten. Daraus zog ich nach drei Jahren die Konsequenzen und kündigte die Eignergemeinschaft auf. Seitdem gehen wir privat und seglerisch getrennte Wege.« Eine wirklich bedauerliche Erfahrung, die sich mit etwas mehr Instinkt vermeiden läßt.

Die zwischenmenschlichen Probleme lassen sich nie ganz vermeiden, aber nur wer wagt, kann auch im Segelsport gewinnen. Wer sich als beruflich stramm eingespannter Bürger hoffnungslos in einen 90 Jahre alten norwegischen Colin Archer-Seekreuzer »verknallt«,

Die meisten Großsegler werden von Eignergemeinschaften betrieben. Steuerliche Vorteile winken.

173

kann arbeitstechnisch und finanziell gesehen nach wenigen Jahren Schiffbruch erleiden. Würde diese pflegeintensive 16 Meter lange Massivholz-Yacht von einer Gruppe gleichgesinnter Segelfreunde unterhalten werden, würde höchstwahrscheinlich die Freude am Schiff überwiegen, denn die Arbeit und Kosten würden paritätisch geteilt. Am besten eignet sich dazu das gute alte deutsche Vereinsrecht. Hier wird alles Erforderliche bürokratisch penibel geregelt. Die Vorteile der anzustrebenden Gemeinnützigkeit lassen sich bei historisch wertvollen Segelyachten leichter von Amts wegen organisieren. Hier zählt zum Beispiel die Jugendausbildung oder auch Ausfahrten von Segelfreunden, die in die Jahre gekommen sind. Sieben Mitglieder braucht ein deutscher Verein zur Gründung. Der Liegeplatz der Yacht muß nicht dem Sitz des Vereins entsprechen. Deutschlands mitgliederstärkster Segelverein ist der »Trans Ocean Club« in Cuxhaven. Dort ist der Verein eingeschrieben, einen vereinseigenen Hafen gibt es nicht, denn die meisten Mitglieder sind auf ihren Yachten weltweit unterwegs.
Der Autor ist kein Freund von Ver-

einsmeierei. Dennoch konnte er am Beispiel von zwei gemeinnützig anerkannten Segelvereinen am Bodensee letztlich einsehen, daß diese Zweckgemeinschaften unbestreitbare Vorteile im Unterhalt von historisch wertvollen Yachten bieten und zudem der Behinderten- und Jugendausbildung wirklich nützen. Die über 200 Mitglieder starken Segelvereine funktionieren und harmonieren finanziell und menschlich gesehen seit mehr als 20 Jahren ganz hervorragend, weil das Konzept stimmt. Im kleinen betrieben läßt sich bei vernünftiger Planung auch ein 90 Jahre alter Colin Archer-Segelkutter wieder in Fahrt bringen.
Andere Länder, andere Sitten. In Amerika sind Yacht-Sharing-Programme ein großer Erfolg. Hier kaufen sich gegenseitig wildfremde Menschen einen Schiffsanteil unter dem Management einer Agentur. Ähnliches wird mehr oder weniger seriös mit Ferienhäusern praktiziert. Der Vorteil liegt in der Mehrfachnutzung und einem variablen Standort der Immobilie oder Yacht. Die Vermittlung übernimmt die Agentur. Der Nachteil des Geschäfts: Die Agentur verdient immer, der Kunde selten. Das ist der Haken an jeder Eignerge-

meinschaft, Yacht Sharing klingt nur etwas nobler. Streit gibt es im Yacht Sharing häufig über die Höhe der Nebenkosten. Hier klaffen die Vorstellungen oft weit auseinander. Muß die Yacht jedes Jahr für 10 000 Mark überholt werden, oder reichen vielleicht auch 7000 Mark? Muß die Yacht unbedingt in der teuersten Marina an der Côte d' Azur liegen, oder genügt vielleicht ein hübsches Plätzchen auf Elba? Das meiste Geld verdient die Yacht-Sharing-Agentur in den teuren Marinas, deshalb wird sie hier den Daumen anlegen. Fakt ist: Die Agentur verdient immer ihre zehn bis 15% Provision mit – beim Kauf der Yacht, am Liegeplatz, an der Aufsicht, über die Wartungsarbeiten und beim Einkauf von Ersatzteilen. »It takes money to make money«, eine alte Weisheit, die auch hier Bestand hat.

Ein Werksvertrag zwischen den

TIP

Yacht-Charter ist unkomplizierter und weitaus preiswerter als sämtliche Yacht-Sharing-Modelle, und mit viel weniger Ärger verbunden.

beteiligten Partnern regelt folgende Punkte, die im Streitfall von entscheidender Bedeutung sind:

Eignerstatus
Auflistung der Eigner mit Einstandssumme in DM. Sperrkonto für größere Reparaturen mit A-Konto-Einzahlung der Partner. Paritätische Entscheidungsgewalt in allen Fragen oder reiner Nutzungsvertrag.

Nutzungsrecht
Zeitdauer der Nutzung, Fahrtengebiet der Nutzung.

Pflichten
Anteilige Liegeplatzkosten, Versicherungen, Wartungsarbeiten, Reparaturen und sonstige, außergewöhnliche Belastungen, wie selbstverschuldete Schäden am Boot und deren Regelung.

Weiterverkauf der Yacht
Vorkaufsrechte, A-Konto-Rückzahlungen mit Termin, Zahlungsrückstände bei Endreparaturen.

Eine Bezugsperson muß für folgende Problemfälle »geradestehen«: Die Eintragung ins Bootsregister/Zulassung, die Zollformalitäten, den Liegeplatz, die Versicherung, den Reparaturauftrag, eventuell auch für die Bankgeschäfte. Diese Person muß bestimmt und im Vertrag genannt werden.

37

Bootsmesse – Bazillus Kaufrausch

rech behaupte ich: Die meisten Backskisten sind voll von unnötigem Schiffszubehör. Leider fasse ich mir nur sehr ungern an die eigene Nase, aber die Einsicht kommt zur rechten Zeit. In einer radikalen Aufräumaktion mistete ich an Bord kürzlich alles aus, was in den letzten drei Jahren nicht gebraucht wurde. Das Boot freut sich über die leichtere Fahrt, und der Skipper rauft sich die Haare. Es könnte ja doch etwas dabei gewesen sein, das man vielleicht schon morgen brauchen könnte? Der Bazillus »Noch mehr Kaufen« steckt wohl in den meisten begeisterten Fahrtenseglern. Nur der sanfte Händedruck meiner getreuen Gattin bewahrt mich gelegentlich auf den Bootsmessen vor spontanen Geldausgaben, die durchaus dem mittleren Monatsgehalt eines Facharbeiters entsprechen. Ein paar Beispiele gefällig? Unsere 70 Meter lange galvanisierte Ankerkette ist fünf Jahre alt und

im besten Zustand. Auf der letzten Messe war ich drauf und dran, mir eine 90 Meter lange Kette aus Edelstahl anzuschaffen. Kostet knapp 4000 Mark. Unser vorhandener 27-kg-CQR-Anker, das englische Original aus feuerverzinktem Stahl, paßt optisch nicht zur Edelstahlkette, also verliebte sich mein Auge in einen hochglanzpolierten V4A-Edelstahl-Anker für 3775 Mark. Und da hatten wir erst ein Zehntel der Ausstellungsfläche abgeklappert.

Kennen Sie die Magie elektronischer Navigationshilfen? Ein guter Bekannter von uns setzt prinzipiell auf eine doppelt abgesicherte Navigation, wie bei der Luftfahrt üblich. Er hat den PPL-Sichtflug-Pilotenschein vor 20 Jahren mit Bravour bestanden. Dann packte ihn die Segelei mit allen Folgen. Innerhalb zweier Jahre staute er in seine Dehler 33 folgendes Navigationszubehör: Zwei unabhängige GPS-Einbaugeräte plus Handgerät. Ein Furuno Loran-Gerät plus weitreichendem, professionellem Radargerät, dazu bedurfte es sogar einer Mastverstärkung! Ein voll funktionsfähiger Funkpeiler wartet auf den ersten Einsatz in vielleicht fünf Jahren, wenn alle anderen Geräte versagen. Sicher ist sicher, deshalb ziert ein erstklassiger C&P Sextant mit aktuellem nautischem Jahrbuch und Computer-Programm die stark vergrößerte Navigationsecke. Praxisübungen mit dem Sextanten – gleich Null. Standlinie ausgerechnet? »Dafür habe ich später Zeit, wenn's sein muß.« Angst vor der eigenen Unfähigkeit?

»Kommunikation im Seenotfall ist überlebenswichtig«, sagt mein Freund, und bestückte sein Schiff mit einem festeingebauten Kurzwellengerät plus VHF-Funkstation, zuzüglich zweier VHF-Handgeräte. Vergessen wir nicht die Amateurfunk-Abteilung. 400 Watt Leistung, damit kann rund um den Erdball gefunkt werden, sofern man die Lizenz dazu hat. Hat er nicht, dafür das neue Handy . Der erhöhte Energiebedarf erfordert doppelte Batteriekapaziät: Windgenerator und Solarpaneele und ein neuer Pulslader für die Gel-Batterien für über 2000 Mark finden sich an Bord. Haben Sie mitgerechnet?

Im Kaufrausch: Solarbetriebener Fischeimer und elektrische Waschmaschine auf einem 33-Fuß-Motorsegler. Beides nie benutzt.

Rund 28 000 Mark für eine sichere Standortbestimmung und ein Gespräch von Segler zu Segler? Das Geld für diese teilweise bestimmt sinnvollen Anschaffungen hätte dem legendären Bernard Moitessier für zwei Weltumseglungen gereicht. Mein Freund bewegt sich seit fünf Jahren auf dem navigatorisch einfachen Küstenabschnitt der Côte d' Azur zwischen Bandol und San Remo. Das Ziel ist, später einmal, die Umrundung von Korsika und Sardinien. Ich möchte nicht überheblich sein, aber dazu reicht auch ein Hobie Kat.

Die Folgekosten durch ein übertriebenes Sicherheitsbewußtsein sind oft so beachtlich, daß zum eigentlichen Fahrtensegeln das Geld nicht mehr reicht. Da werden ohne mit der Wimper zu zucken 2000 Mark für einen Kartenplotter ausgegeben, und man »spart« sich die 250 Mark für ein Hafenhandbuch und die absolut notwendigen und zuverlässigen Seekarten ein. Der Trend zur allgemeinen »elektronischen Abhängigkeit« läßt sich nicht aufhalten, aber die neueste Schadensstatistik zeigt, daß selbst optimal ausgerüstete Regattayachten auf Grund laufen, wenn der Skipper pennt. Damit wir uns richtig verstehen, elektronische Navigationshil-

fen sind eine hervorragende Sache, die das Leben an Bord enorm erleichtern, sofern der Skipper die klassische Navigation beherrscht.

T I P
Für die schmale Bordkasse in heimischen Küstengewässern und am Mittelmeer reichen völlig aus: Ein Hand-GPS für knapp 350 Mark mit 12-Volt-Anschluß. Dazu ein praxisbewährtes Echolot und Schlepplog für zusammen 700 Mark. Wer mit dieser Minimalausstattung nicht zurecht kommt , wird auf Dauer gesehen keine rechte Freude an der Fahrtenseglerei erleben.

Je größer die Yacht, desto umfangreicher wird nützliches und unnützes Zubehör gebunkert. Ich hielt es einmal für unbedingt erforderlich, daß ich für eine Atlantiküberquerung und einen längeren Aufenthalt in der Karibik zwei komplette Delco-Anlasser, zwei neue Lichtmaschinen, eine komplette Auspuffanlage, und einen kompletten Düsensatz der Einspritzanlage für den 50 PS starken Perkins-Motor als eiserne Reserve dabei haben müßte. Anschaffungskosten 7800 Mark. Teile wie Wasserpumpen, Wärmetauscher und weiteres Kleinzeug schlummerten schon vier Jahre lang in der zentnerschweren Ersatzteilbox. Was ging letztlich kaputt: Das Getriebe. Davon hatte ich keines dabei. So ist das im Seglerleben. Solange der Kahn nicht untergeht, wird weiter Zubehör gehortet. Da hilft nur eines: Katamaran segeln. Hier verdirbt jedes überflüssige Kilogramm den Speed. Mit einem französischen Transatlantik Profisegler war ich drei Tage auf dem Mittelmeer unterwegs. Der Rennkat von 18 Meter Länge lief bei 5 Bft knapp 20 Knoten: »An sich besteht meine Werkzeugkiste aus dem mittleren Leatherman-Tool,« (Multifunktions-Werkzeug für die Hosentasche, d. A.) sprach der Meister, »und einem akkubetriebenen Winkelschleifer von Makita plus Akkubohrmaschine und der Blindnietenzange. Der Winkelschleifer wird zum Trennen von Mastteilen und Wanten eventuell mal gebraucht. Die zusätzlichen Ersatzteile wie Schäkel, Schrauben und dergleichen wiegen exakt 4,9 Kilogramm.« Navigiert wurde mit GPS und Radar plus Echolot und Speedometer. Dazu ein festeingebautes kW-Gerät und ein VHF-Handfunkgerät mit Außenantenne. Die Gel-Batterie hatte eine Kapazität von 145 AH und wurde über vier Solarpaneele gefüttert. Ein amerikanischer Watermaker produzierte zwei Kanister Süßwasser alle vier Stunden. Einen richtigen Wasser- oder Treibstofftank gab es nicht an Bord. Einbaumotor? Fehlanzeige: »Unnötiges Gewicht, ein Rennkatamaran steht nie still. Bei totaler Flaute reicht der 6-PS-Außenborder am Mittelmeer für die Hafenmanöver. Auf dem Atlantik geht's ohne Motor.« Jean Pierre ist ein Leichtbau-Fan ohne Kompromisse. Gemessen an der Ausrüstung meines Freundes war dieser Atlantik-Racer geradezu primitiv ausgerüstet. Dafür »flog« die Kiste übers Mittelmeer.

T I P

Das Sicherheitsbedürfnis ist bei jedem Segler unterschiedlich ausgeprägt. Man ändert seine Meinung natürlich auch im Laufe der Jahre. Die See ändert sich allerdings nicht. Eine schwach gebaute, hochseeuntüchtige Yacht wird durch den Einbau sämtlicher elektronischer Instrumente und zentnerschwerer Ersatzteile seeuntüchtig bleiben. Deshalb vertreten wohl alle Langzeitsegler die Ansicht: Zuerst ein gutes seetüchtiges Schiff, dann so viel elektronisches Zubehör wie gerade nötig. Die Ersatzteile für Motor, Rigg etc. richten sich nach den persönlichen Fähigkeiten und dem aktuellen Fahrtengebiet. Auf »Vorrat« gekauft zahlt sich letztlich selten aus und schont die Bordkasse.

38

Geld knapp – Versicherung einsparen?

Lohnen sich teure Kaskoversicherungen wirklich? Der Vergleich zur Auto-Kaskoversicherung drängt sich auf. Bei einem fünf Jahre alten Auto kann sich eine Kasko-Versicherung nur noch in den seltenstens Fällen bezahlt machen. Der Zeitwert ist so tief abgesunken, daß die ausbezahlte Summe bei Totalschaden an sich lächerlich gering ist. Yachten werden zum Neuwert versichert. Abzüglich der Eigenbeteiligung von etwa 3000 Mark, je nach Versicherungsvertrag und Prämie, erhält unser Segler im Schadensfall auch nach fünf Jahren Nutzungsdauer die vertraglich vereinbarte Neuwertsumme ausbezahlt. Für dieses Geld kann er sich eine adäquate Yacht anschaffen. Bei der Auto-Kasko-Versicherung würde die Zeitwertsumme statt für einen neuen Mittelklassewagen nur für einen Kompaktwagen reichen. Die Neuwertversicherung für Yachten gilt bei Fachversicherern auch bei gebrauchten Yachten. Den Begriff feste Taxe sollten wir uns bei jedem Gespräch mit den Versicherungen merken. Gute Fach-Versicherer taxieren den Wert Ihrer neuen oder gebrauchten Yacht, und danach richtet sich die Versicherungs-Prämie. Bei gebrauchten Yachten mit einem gewissen Liebhaberwert sollten Sie allerdings einen unabhängigen Sachverständigen einschalten. Er gibt den taxierten Wert nebst Zubehör an. Die Versicherung akzeptiert diesen Wert oder schickt einen neu bestellten Gutachter zur Besichtigung, kostenfrei für den Bootseigner. Danach richtet sich das individuell ausgearbeitete Kasko-Angebot der Versicherung. Diese Regelung ist bei selbstgefertigten oder selbst ausgebauten Yachten dringend anzuraten. Bei guten Versicherungen gibt es deshalb den Ausschluß der Unter- oder Übersicherung! Gleiches gilt für ausgesprochene Liebhaber-Yachten oder auch für Regattayachten. Das Regatta-Risiko versichern nur wenige Fach-Versicherer.

Im Gegensatz zu den Auto-Kasko Versicherungen sind die Prämiennachlässe wegen schadensfreier Jahre verhandelbar. Grundsätzlich geht die bisherige Versicherung einer gebrauchten Yacht auf den neuen Eigner über! Besitzt der neue Eigner schon eine Yacht-Versicherungspolice bei einer anderen Versicherung, kann er die bisherige Schiffs-Versicherung kündigen. Der persönliche Schadensfreiheitsrabatt kommt bei der neu abgeschlossenen Versicherung zum Tragen. Was passiert, wenn der bisherige Eigner seine Versicherung aufgekündigt hat? Im Versicherungs-Vertragsgesetz VVG wird die Übernahme der bestehenden Versicherung geregelt. Kündigt der bisherige Eigner die Versicherung schon vor Abschluß des Kaufvertrags, besteht noch einen Monat lang Kündigungsfrist und damit auch der volle Versicherungsschutz. Dies gilt für alle Yacht-Kasko-Versicherungen.

Langzeit-Segler bilden sich eine differenzierte Ansicht über die »unnötigen« Geldausgaben: »Ein überdimensioniertes Ankergeschirr ist sinnvoller, als die teuerste Versicherung.« Diese Ansicht ist bestimmt nicht von der Hand zu weisen, andererseits kann eine Yacht nicht jeden Tag und jede Stunde überwacht werden. Die Fotos auf den Seiten 158 und 182 zeigen so einen Fall, wo nur großes Glück oder eine kulante Versicherung den materiellen Schaden in Grenzen hielt. Ein plötzlich auftretender Tornado fegte innerhalb von wenigen Minuten über die Marina von Antalya/Türkei und blies zahlreiche Yachten auf dem Trockenplatz um. Der Sachschaden war beachtlich. Was lernt man daraus: Auch in weniger sturmgefährdeten Gegenden können Yachten auf Land umkippen oder am Steg sinken, wie an der Ostsee in der Marina Wendtorf, wo der Schaden einige Millionen Mark betrug. »Jeder Segler kennt die Auswirkungen der Hurrikans nur in der Karibik, tatsächlich regulieren wir bedeutend mehr Schäden an den Nord- und Osteegewässern und am Mittelmeer«, erzählte uns ein Versicherungsagent.

Die Ansicht des Autors ist natürlich subjektiv, aber wer sich keine Kaskoversicherung am Mittelmeer oder an den europäischen Gewässern leisten kann, sollte aufs eigene Schiff verzichten. Die Angst im Hinterkopf ist immer da, wenn es hart auf hart kommt. Wozu alles

181

Teurer Kasko-Schaden. Der Eigner trägt das Risiko, die Marina bezahlt keinen Pfennig.

aufs Spiel setzen? Wir segeln zu unserem Vergnügen und sollten bezüglich der finanziellen Risiken unser Glück nicht überstrapazieren.

Den Unterschied zwischen einer praxistauglichen »guten« Versicherung und einer Allerwelts-Versicherung merkt man erst bei der Schadensregulierung. Im fernen Antalya/Türkei bezog ein deutscher Mitarbeiter der Pantaenius-Yachtversicherung einen Tag nach der Katastrophe ein kleines Büro

im Hafen und regelte für 2/3 der europäischen Bootseigner den Schaden an Ort und Stelle innerhalb von drei Tagen. Die Versicherungssumme wurde innerhalb von 14 Tagen nachweislich überwiesen. Das restliche Drittel der Bootseigner war bei anderen deutschen Versicherungen unter Vertrag. Die Eigner durften nicht aufs Boot um dort aufzuräumen. Selbst die auf dem Kopf stehenden Batterien mußten trotz der auslaufenden Säure und entsprechender folgenden Beschädigungen an Ort und Stelle bleiben. Nichts durfte angerührt werden. Nach unseren

Informationen ging die Schadensbeurteilung äußerst schleppend voran, und Geld sahen diese gestreßten Besitzer auch erst nach einigen Wochen.

Es steckt bestimmt kein böser Wille hinter dieser trägen Schadensregulierung. Der Knackpunkt liegt im System. Viele bekannte Versicherungen unterhalten keinen eigenen Stab von Yacht-Sachverständigen, obwohl Wassersport-Versicherungen im Programm sind. Nur spezialisierte Versicherungs-Makler wie Pantaenius arbeiten seit vielen Jahren mit Fachleuten zusammen, die z. B. auf Yacht-Diebstähle spezialisiert sind und mit Erfolgsprämien ausgestattet so manchen Versicherungsbetrug auffliegen ließen. Diese speziellen Fachkenntnisse sind bei der Schadensbegutachtung, siehe oben, bares Geld wert. Diese Leute kennen ganz genau den tatsächlichen Wert von teurem Schiffszubehör. Bei weniger fachorientierten Versicherungen beginnt oft eine endlose Streiterei über die horrenden Kosten eines neuen Riggs, des Sextanten, der verbrannten Seekarten und Hafenführer oder auch einer Schraubenreparatur durch Grundberührung. Da sind Fachkenntnisse einfach erforderlich.

Als unser Schiff auf den Azoren ausgeraubt wurde, begutachtete im Auftrag von Pantaenius der dort ansässige Lloyds Agent den Schaden. Das Geld war nach vier Wochen Wartefrist auf dem Konto. Damit wir uns nicht falsch verstehen: Neben dem marktführenden Versicherungsmakler Pantaenius bieten auch andere Makler und Versicherungsagenten die gleichen Leistungen zu oft etwas günstigeren Preisen an. Jede Versicherung ist allerdings nur so gut wie die Leute, die dort arbeiten. Zudem sind alle Prämien variabel. Oft sind Gruppenversicherungen für einen bestimmten Bootstyp besonders preiswert. Dann läßt sich ordentlich Geld mit der Eigenbeteiligung sparen. Der Autor bezahlt die ersten 5000 Mark aus eigener Kasse, und erst der Rest, der besonders schmerzt, soll von der Kasko Versicherung gedeckt sein.

Weiter lassen sich Fahrtgrenzen mit sehr geringem Aufschlag oder auch ohne zusätzliche Prämie erweitern, sofern das Schiff und der Eigner vertrauenswürdig erscheinen. Eine Atlantiküberquerung oder ein mehrmonatiger Aufenthalt in der Karibik sind gegen erstaunlich geringere Mehrbelastungen versicherbar, sofern man den

Totalverlust in erster Linie versichert und die Selbstbeteiligung anhebt. Eine Kasko-Versicherung nur gegen Totalverlust ist ebenfalls möglich. Wenn Sie teilweise zahlenden Gäste mitnehmen, sollten Sie dies mit Ihrem Versicherungs-Agenten klären. Absolut entscheidend ist das Kleingedruckte im Vertrag. Hier sieht man den Unterschied zwischen einem Fachmakler-Kasko-Vertrag und einem standardisierten Allerweltsvertrag. Denken Sie nur an das zeitweise unbeaufsichtigte Liegen vor Anker oder Boje in einer schönen Bucht. Denken Sie an das Auslaufen bei mehr als sechs Windstärken aus dem angeblich so sicheren Hafen, der sich als hochgradig gefährlicher Leeküsten-Hafen entpuppt? Die Kanarischen Inseln sind dafür bekannt. Denken Sie an Mastbrüche durch eventuell zu viel Segelfläche. Deckt diese und andere Risiken Ihre Kasko-Versicherung wirklich ab? Über die obligatorische Haftpflicht-Versicherung muß nicht debattiert werden. In fast allen europäischen Ländern wird diese sehr preiswerte Versicherung verlangt. Ohne Haftpflicht-Versicherung haften Sie mit Ihrem ganzen Vermögen für die Schäden, die Sie jemand anders zugefügt haben.

39

Etatprobleme – Liegeplätze nur für Reiche?

Wird Segeln unbezahlbar? Kein Frage: Die Kosten steigen rapide an. Schuld daran sind die Nebenausgaben wie Liegeplatzgebühren, Versicherungsprämien, Treibstoffkosten, Wartungskosten und die allgemeinen Fahrt- und Verpflegungskosten zum Liegeplatz. Kurzum, nichts wird in unserem Segelleben richtig preiswerter, alles wird teurer. Vielleicht müssen wir jetzt die Rechnung dafür bezahlen, daß unser Traumschiff einfach zu groß ist. Die Instandshaltungskosten steigen mit der zusätzlichen Länge in der Wasserlinie ums Dreifache an, errechnete ein mehrfacher Weltumsegler in einer aufwendigen Befragung von über 200 Langzeitseglern.

Leider kann Ihnen der Autor keine Gebrauchsanweisung für das Segeln zum Nulltarif geben. Dennoch kreisen die Gespräche zwischen Langzeitseglern eigentlich primär um ein Thema: Das liebe Geld. Wie kann ich die teuren Liegeplatzkosten mindern?

Kostenfaktor Liegeplatz

Der billigste Liegeplatz ist eine windgeschützte Bucht und ideal mit 20 Grad Wasser- und 23 Grad Lufttemperatur. Standort Karibische Inseln. Ganz frei von Liegeplatzkosten ist dieser Idealzustand trotzdem nicht, weil die meisten Karibik-Staaten Aufenthalts- bzw. Leuchtfeuer-Abgabegebühren verlangen. Zudem müssen Wasser und Treibstoff sowie Grundnahrungsmittel gebunkert werden. Schon mancher seglerische Traum vom absolut kostenfreien Liegeplatz wurde durch unsicheren Ankergrund und seine Folgeerscheinungen nachhaltig gestört. Gelegentliche Kurzbesuche in Häfen oder Marinas lassen sich auch bei zeitlich großzügigen Reiseplanungen nicht vermeiden. Dann müssen zum Teil erhebliche Liegeplatzgebühren entrichtet werden. 90 Mark Liegeplatzgebühren für eine Nacht in der Hochsaison sind an der Côte d' Azur für ein zwölf

Idyllische Cumberland Bay auf St. Vincent/Karibik. Kostenfreies Ankern.

Meter langes Boot üblich. Die Bootslänge über Alles ist das Maß der Gebührenordnung. Ein neun Meter langes, 3,50 Meter breites Boot kostet nur halb so viel wie eine elf Meter lange Yacht gleicher Breite.

Jahresliegeplätze sind grundsätzlich preiswerter als Kurzzeit-Mie-

handeln. Voraussetzung ist ein »sauberes«, ansprechendes Schiff, und auch die Besatzung sollte den Vorstellungen von guter Seemannschaft entsprechen. Rostlauben sind in den schnieken Marinas glatt verpönt. Mit einem formschönen, perfekt gepflegten Schiff steigen auch die Chancen für einen schwellfreien Liegeplatz, denn südländische Hafenmeister beurteilten ihre Klientel oft auch nach der Schiffsgröße und dem erhofften Trinkgeld. Provisionen winken zudem bei Überholungsarbeiten durch die Werften und Reparaturbetriebe.

Günstige Verkehrsverbindungen mit dem internationalen Flughafen von Nizza und perfekte TGV-Eisenbahnverbindungen verschärfen die allgemeine Liegeplatz-Situation an der Côte d'Azur. Preiswerte Liegeplätze sind deshalb zwischen Marseille und Monaco fast nicht zu bekommen. Ca. 8000 Mark für eine 35-Fuß-Yacht inkl. Wasser und Strom werden pro Jahr fällig. Als Ausnahme gelten neuerstellte Marinas mit noch nicht intakter Infrastruktur. Im Klartext: Lärm und Staub von Baumaschinen. Hier winken über die Wintermonate preiswerte Liegeplätze. Die fertiggestellte Marina schockt dann im

ten. Eine Kostenersparnis von 30 bis 50 Prozent ist bei 12-monatiger Mietdauer drin. Der Nebeneffekt: Ausländische Marinaverwaltungen sehen Langzeitmieter besonders gerne und lassen auch mit sich

Frühjahr mit exorbitanten Preiserhöhungen.

In privat finanzierten Marinas schwanken die Preise für den Dauerliegeplatz erheblich. Der zwischengeschaltete Agent möchte auch etwas verdienen, und diese Provision kann durchaus 30% betragen. Auf den großen Bootsmessen sind zahlreiche Agenten im Auftrag der Marina-Bauherren tätig. Fragen nach einem günstigen Liegeplatz kosten nichts. Vor Ort unterscheiden sich die Liegeplatzpreise in staatlich geförderten Marinas, ebenso zwischen einheimischen und ausländischen Bootseignern. Preisreduzierungen sind auch über die ortsgebundenen Werften möglich. In Verbindung mit einem Reparatur- oder Wartungsauftrag lassen sich interessante Liegeplatzpreise für den Winter aushandeln. Preise schriftlich von beiden Seiten bestätigen lassen.

Dafür sinken die Preise ab Livorno/Italien und ab der Rhone-Mündung in Richtung spanische Grenze. Jahresliegeplatz ca. 6000 Mark für eine 35-Fuß-Yacht. Die Entfernung von Deutschland aus ist fast die gleiche wie zur Côte d`Azur, aber die Flugverbindungen sind miserabel. Der lange Anfahrtsweg

mit Taxi oder Zug vom 300 Kilometer entfernten Flughafen Genua oder Toulouse geht auch ins Geld. Der Zeitpunkt der Anmietung eines Winterliegeplatzes reguliert den Preis. Schlechtester Zeitpunkt ist im August und September. Jeder Wassersportler möchte eine nettes Plätzchen für sein Boot, und

dies treibt die Preise hoch. Ende Oktober nimmt der Rummel ab, und dann verfügen kleinere Marinas wie auf den Hyères-Inseln, aber auch Elba und Korsika und die spanischen Balearen plötzlich wieder über einige freie Winterliegeplätze zu sehr günstigen Tarifen. Der Autor wurde auf der Ile

Porquerolles, Ile Bendor und auf Elba schon mehrmals Anfang November fündig. Während der üblichen Segelsaison sind diese stimmungsvollen Anlagen rappelvoll.

Preiswerte Marinas sind am Mittelmeer oft schmutzig, umweltbelastet und letztlich eine Zumutung.

Richtig preiswerte Jahres- und Winterliegeplätze gibt es in den italienischen Gewässern ab Neapel, um den Stiefel herum. In der wenig anheimelnden Marina von Sipari kostet der Jahresliegeplatz nur ein Viertel zu dem an der Côte d' Azur. Eine Milchmädchenrechnung? Teuer sind immer die langen Anfahrten. Die über 2500 km lange Anreise mit dem eigenen Auto ist ein rechter Schlauch. Über den italienischen Bahnverkehr möchte ich mich nicht zu sehr auslassen: Häufiges, zeitraubendes Umsteigen mit schwerem Schiffsgepäck kann auch eingefleischten Eisenbahnfans kräftig zusetzen. Billigflüge wie in die Türkei gibt es nicht. Die preislich günstigsten spanischen Marinas liegen zwischen Malaga und der Grenze nach Gibraltar. Ca. 5000 Mark kostet eine 35-Fuß-Yacht pro Jahr. Der recht komfortable »Touring-Bus« fährt im Linienverkehr fast täglich von Deutschland nach Spanien. Die Linienflug-Tickets sind doppelt so teuer wie die Busreise, und preiswerte Charterflüge sind häufig ausgebucht. Die Anreise per Eisenbahn ist mangels küstennaher Fernverbindungen ein mittleres Abenteuer. Ich war schon volle drei Tage von Gibraltar nach Stuttgart per Bus und Zug unterwegs. Schließlich fuhr ich doch mit dem Privatwagen die 2600 Kilometer nach Estepona zurück.

Preiswerte Jahresliegeplätze gibt es immer noch in der Türkei. Kostenpunkt ca. 3000 Mark für eine 35-Fuß-Yacht. Günstige Charterflüge kosten um 350 bis 450 Mark, je nach Saison. Nachteilig sind die nicht unerheblichen Nebenkosten mit dem Taxi oder Mietwagen, sowie die nicht zu unterschätzende Gefahr von schweren Stürmen während der Wintermonate. Der bürokratische Aufwand bei der Einklarierung etc. ist finsterstes Mittelalter.

Die griechischen Marinas zeichnen sich durch relativ hohe Liegeplatzkosten aus. Der gebotene Service ist oft keinesfalls besser als in der Türkei. Die Preissteigerungen sind typisch für neue EU-Länder durch die Einführung der Mehrwertsteuer. Zudem sind die Nebenkosten durch Essen, Reparaturen etc. eindeutig höher als in der Türkei. Landschaftlich ist Griechenland immer noch Extraklasse.

Ob sich das jetzt relativ befriedete ehemalige Jugoslawien wieder zu einer ersten Adresse der deutschen Segler entwickelt, wird die Zukunft zeigen. Total überhöhte

Permitgebühren sind schlicht eine Zumutung für ausländische Wassersportler, die viel Geld ins wiederaufzubauende Land bringen könnten. Eine ständige Unsicherheit über die Preisstabilität bei Reparaturen und Liegeplatzkosten, und immer neue, noch teurere Verordnungen nerven jeden Bootseigner. Man fühlt sich ausgenommen, und das schadet den Beziehungen.

Rentiert sich der Dauerliegeplatz wirklich? Im Gegensatz zu vielen anderen Langzeitseglern wird es mir auf einem festen Jahresliegeplatz schon nach wenigen Tagen langweilig. Länger als 14 Tage blieb ich bei ordentlichen Segelbedingungen noch nie auf dem gleichen Platz oder vor Anker. Schon nach wenigen Tagen spüre ich eine gewisse Lethargie, oder ist es Rost im inneren Getriebe? Sei's drum. Wir segeln – ob Sommer oder Winter – in südlichen Gewässern. Daraus ergibt sich ein relativ häufiger Standortwechsel mit höheren Liegeplatzkosten. Wir buchen für maximal drei Monate einen Liegeplatz , weil wir »zwischendurch« in Deutschland unseren Lebensunterhalt verdienen müssen. Unser Boot ist immer reisefertig »gepackt«.

Viele Langzeitsegler betrachten ihre Yacht vorübergehend eher als schwimmende Ferienwohnung, und nisten sich über viele Monate in der gleichen Marina ein. Da wird ein Gebrauchtwagen für Landausflüge gekauft, Abstellkammern für zusätzliches Schiffszubehör werden angemietet und Postfächer eingerichtet. Für einen raschen Aufbruch ist diese Art der Dauerliegeplatzbenutzung nicht geschaffen, und deshalb bleibt das Schiff monatelang an den Pollern belegt. Wer rastet, der rostet.

Nicht wenige Langzeitsegler sind dem Alkohol verfallen, weil sie zu lange die Freuden eines beschaulichen Hafens genossen haben.

40

Zwölf goldene Regeln für den Kauf einer Segelyacht

1. Kaufen Sie eine Yacht mit Charakter

Modische Yachten verlieren rasch an Reiz. Wahre Schönheiten bleiben über Jahrzehnte ein Augenschmaus. Nicht das Bootsbaumaterial oder die Schnelligkeit und Wendigkeit sind letztlich entscheidend für die Sympathie, die der Eigner und seine Familie gegenüber dem Boot langfristig gesehen aufbringen, sondern die Ausstrahlung, die die Yacht vermittelt. Aus diesem Grund sollte man beim Kauf einer neuen oder gebrauchten Yacht letztlich ganz subjektiv die Kaufentscheidung treffen, man hat länger Freude daran.

2. Mehr Qualität statt mehr Länge

Langfristig gesehen hat jeder Segler mehr Freude an einem qualitativ hervorragend gebauten Boot. Die Erkenntnis, daß nicht die Bootslänge im Verhältnis zu einem attraktiven Preis zur Kaufentschei-

Echte Qualität zeigt sich in den Details, wie die Ankerhalterung oder das Cockpit-Layout.

dung animieren soll, setzt sich erst nach einigen Jahren Plackerei mit einem schlecht konstruierten Boot durch. Eine mißratene Yachtkonstruktion krankt nicht nur im Design oder in den Segeleigenschaften, meist sind es unzählige Details, wie eine nicht vorhandene Bilge oder »unbewohnbare« Kojen, die einem den Spaß an dieser Yacht gründlich verderben.

3. Nicht mehr Länge als nötig

Sehr viele Yachten über zwölf Meter Länge werden äußerst selten von ihren Eignern benutzt. Der Aufwand zum Segelsetzen für einen netten Nachmittagstörn ist vielen Freizeitseglern einfach zu groß. Mit einer neun bis zehn Meter langen Yacht würde die gleiche, vier Mann starke Familiencrew häufiger in See stechen. Der Grund, weshalb wohl alle Bootshändler zu mehr Länge drängen, liegt auf der Hand: Es wird beim Verkauf und bei den Wartungsarbeiten deutlich mehr verdient.

Durchgehende Rollreff-Segeleinrichtung. Sie erleichtert die Handhabung dieser 14-m-Yacht mit kleinster Mannschaft.

4. Bleiben Sie finanziell gesehen »flüssig«

Jedes Boot kostet mehr Geld als ursprünglich erwartet. Bei neuen Yachten sollten trotz der umfangreichen Standardausrüstung noch einmal 30 Prozent des Boots-Wertes als stille Reserve zur Verfügung stehen. Bei gebrauchten Yachten kann durchaus mit einem 50prozentigen »Aufschlag« wegen der dringend notwendigen Verbesserungen und Verschönerungen angesetzt werden. In jeder Bootszeitschrift werden immer wieder Liebhaber-Yachten zu Dumping-Preisen angeboten, die einfach zu viel Energie und Geldmittel vom bisherigen Eigner erforderten. Die wirklich zufriedenen Langzeitsegler sind oft Paare mit relativ kleinen Yachten um die zehn Meter Länge.

Seetüchtig, kompakt und gute Bauqualität. Amerikanische Flicka Slup. 24 Fuß lang. Reicht für zwei junggebliebene Segler.

5. Die Seetüchtigkeit ist eine Frage der Bootsführung, nicht der Länge der Yacht

Die längsten und schwierigsten Segelreisen werden häufig mit relativ kleinen Yachten um die zehn Meter Länge absolviert. Die Stuttgarter Einhandseglerin Gudrun Calligaro segelte zum Beispiel mit ihrer 18 Jahre alten, knapp zehn Meter langen Dufour Arpège Serienyacht aus GFK gegen die vorherrschenden Windsysteme um die Welt und wurde dafür zurecht mit den höchsten internationalen »Segel-Oscars« ausgezeichnet. Auch Winfried Erdmann's legendäre Nonstop-Weltumseglung um die vier Kaps wurde mit einer knapp zehn Meter langen Aluminium-Yacht durchgeführt. Die Seetüchtigkeit dieser extrem simpel ausgerüsteten Yachten stand außer Zweifel, weil die Besatzung ihr »Handwerk« verstand.

Absolut hochseetüchtige Zehn-Meter-Yacht. Eine Windfahnensteuerung schafft die nötige Unabhängigkeit.

6. Sicherheit an Bord: Beschränkung auf die wichtigsten Dinge

Die richtige Sicherheitsausrüstung? Gespart wird oft am falschen Ende. Äußerlich betrachtet sieht der Verpackungscontainer einer hochseebewährten Rettungsinsel mit doppeltem Boden und umfangreicher Notausrüstung gleich aus wie ein »Notbehelf« für einen warmen Binnensee. Investieren Sie in eine optimale Rettungsinsel für die Berufsschiffahrt. Die taugt auch in der kalten Nordsee. Kaufen Sie eine zugelassene, leistungsfähige VHF-Sprechfunkanlage mit der bestmöglichen Antennen-Installation, statt eines leistungsschwachen Handfunkgeräts ohne Zulassung. Der Unterschied

Atlantikfahrt: Magenfreundliche See-Eigenschaften sind wichtiger als absolute Schnelligkeit.

in der Reichweite beträgt mindestens 15 Seemeilen. In diesem Bereich zur Küste ereignen sich die meisten Seenotfälle. Bei nächtlichen Ansteuerungen kommt Nervosität auf. Viele verzichten auf das Radargerät aus Kostengründen. Das ist Blödsinn. Selbst beim Handscheinwerfer wird gespart. Die Lichtstärke und der Reichweitenbereich eines optimalen Handscheinwerfers gegenüber einer gängigen Taschenlampe ist mindestens 50 mal so hoch. In der Praxis steuern Sie mit einem leistungsstarken Handscheinwerfer noch sicher einen rabenschwarzen Stadthafen an, während die Taschenlampe gerade mal eine Ansteuerungstonne ausleuchten kann. Auf einen Nenner gebracht: Nicht die Anzahl der Ausrüstungsgegenstände ist für die Sicherheit entscheidend, sondern die Qualität weniger, absolut notwendiger Gegenstände, die für das sichere Navigieren erforderlich sind.

7. Keine Abhängigkeit von Mitseglern

Die Abhängigkeit gegenüber Freunden und Bekannten steigt durch die Größe der gängigen Yachten überproportional an. Mit der richtigen Beschlagausrüstung und einem gut durchorganisierten Ablauf der Manöver kann eine 16 Meter lange Yacht noch einwandfrei von zwei erfahrenen Seglern bedient werden. Weshalb die meisten zwölf Meter langen Yachten schon mit vier Personen als »unterbemannt« hingestellt werden, liegt am Egoismus der Mitsegler, die sich »wichtig machen« möchten, oder an den bescheidenen Segel-Kenntnissen des Eigners, der auf ihre Hilfe angewiesen ist. Einhandsegler sind wirklich unabhängig. Neptun und die See bestrafen jeden Fehler auf der Stelle, den sich der Bursche leistet. Deshalb fährt der Autor jede Yacht, die ihm unter die Finger kommt, für ein paar Tage allein zu See. Das Gefühl der Unabhängigkeit gegenüber lieben Mitseglern ist in schwierigen Situationen Gold wert.

8. Führen Sie Buch bei der Bordkasse

Eine finanziell gesehen zu große Yacht verschlingt nicht nur bei den Liegeplatz- und Wartungskosten überproportional viel Geld, jedes Ersatzteil fordert einen beträchtlichen Mehrpreis gegenüber einer zwei Meter kleineren Yacht. Folgender Preisvergleich gilt für die italienische Mittelmeerküste. Eine fünf Jahre alte GFK-Yacht von zehn Meter Länge verschlingt im Jahr mindestens 10 000 Mark an fixen Kosten. Als Pendant kann eine gleich alte Zwölf-Meter-Yacht nicht unter 15 000 Mark im Jahr ordentlich versorgt werden. Sollten Sie diese 5000 Mark mehr Reserve

Finanzieller Schiffbruch in Gibraltar. Wohl jedes Boot wird im Unterhalt teurer als geplant.

nicht zur Verfügung haben, würde ich mich für eine kleinere Yacht entscheiden.

9. Segler mit zwei linken Händen werden ausgebeutet

Die wirklich erfolgreichen Langzeit-Segler kommen aus allen Bevölkerungsschichten. Alle vereint die Lust und auch der Frust an der nicht enden wollenden Schrauberei am Boot. Wirkliche Unabhängigkeit gegenüber den teuren Werftbetrieben erzielt man erst durch mehr Wissen über den Dieselmotor, die Reffanlagen, Elektronik oder Segelgarderobe. »Keep it simple«, das hat immer noch Gültigkeit bei allen Seglern mit beschränkten Mitteln.

10. Zu viel Planung schadet nur

Der Perfektionist sagt: »Ich plane mein neues Schiff bis zum letzten Schäkel genau durch, und einfach so ins Blaue zu segeln fällt mir nicht im Traum ein. Nur so habe ich die Gewißheit, daß alles paßt.« Der Romantiker entgegnet: »Ich lasse alles auf mich zukommen, und dann wird sich die Sache schon richten.« Irgendwo in der Mitte dürfte die »Wahrheit« liegen.

Mit genügend Geld in der Bordkasse läßt sich alles richten.

Zu viel Planung bedeutet auf jeden Fall zusätzlichen Streß. Es kommt nicht darauf an, daß wir am 15. Mai Punkt acht Uhr dreißig in See stechen, sondern daß wir auch in zehn Jahren noch das angenehme Prickeln am Hinterkopf spüren, wenn wir zu einem neuen Ziel ablegen.

11. Traumreviere gibt's überall

Wer die karibischen und polynesischen Inseln monatelang bereist hat und auch sonst noch weit in den sogenannten Traumrevieren herumgekommen ist, wird dem Autor bestätigen, daß die Schönheit des Fahrtenseglens auch vor der Haustüre liegen kann. Die Exotik bleibt in einem schwedischen Schärenhafen vielleicht auf der Strecke, aber die Erinnerung daran ist mindestens so viel wert, wie ein heißer »Jump up« auf Union Island in den Tobago Cays. Letztlich zählen die Eindrücke an Land, die haften bleiben, nicht die eindrucksvollen Zahlen der Seemeilen, die hinter dem Schiff liegen. Das Boot muß zur Besatzung passen, und diese muß harmonieren. Ob damit mein seglerisches Traumziel Feuerland aus persönlichen Gründen auf der Strecke bleibt, ist letztlich egal. Hauptsache, der Reiz der seglerischen Träume bleibt erhalten.

12. Gehen Sie Ihren eigenen Weg

Für den einen fängt das Autofahren erst mit einem Mercedes an, für den anderen reicht ein alter Käfer. Beide sind mit ihrem Auto zufrieden. Kein Buch, keine Segelzeitschrift und kein Stegnachbar kann und sollte Ihre ganz persönliche Entscheidung für das neue Boot in Frage stellen. Die wirklich ehrlichen Langzeitsegler wundern sich immer wieder über den Wechsel ihrer Gefühle. Plötzlich schwärmt man von einem 20 Knoten schnellen, höchst fragilen Katamaran, dann wieder hängt man in seinen Träumen der absolut seetüchtigen Joshua der Segellegende Bernhard Moitessier nach. Stahl muß es sein. Wenig später dominieren im geplagten Seglerhirn die offensichtlichen Vorteile der schnellen Yachten aus Aluminium. Letztlich sitzt man auf einem Kunststoffschiff und ist zufrieden damit. Glauben Sie mir, erst im nachhinein, wenn Sie ein Schiff verkauft haben, merken Sie, wie wertvoll und wichtig diese Yacht für Sie war. Deshalb sollte man zu seiner Entscheidung stehen und genau jenes Boot kaufen, das einem gefällt. Damit werden Sie glücklich.

Die berühmte Hafenmauer von Horta auf den Azoren. Wer sie mit dem eigenen Boot angesteuert hat, ist ein glücklicher Mensch.

Sachverständige und Gutachter zum Thema Bootsbau

Adressen sind erhältlich über:

Verband deutscher Schiffahrtsachverständiger
Steinhöft 11
20459 Hamburg

oder

Deutscher Boots- und
Schiffbauerverband
Jungius Str.13
20305 Hamburg

Rechtsanwälte mit Erfahrungen im Wassersportbereich, Vertragsfragen etc.

Rechtsanwalt-Adressen geben bekannt:

Deutsche-Seglerverband DSV
Gründgensstr. 18
22309 Hamburg

die ADAC-Geschäftsstellen mit
Abteilung Wassersport oder direkt
über die Zentrale: ADAC Mitgliederservice, 81015 München,

oder man besorgt sie sich über
die regionalen Anwaltskammern.

Musterkaufverträge für gebrauchte Yachten

Diese werden zugesandt von:

Bundesverband Wassersportwirtschaft
BWVS
Postfach 25 03 70
50519 Köln

Kreuzerabteilung im DSV
Gründgensstr. 18
22309 Hamburg

und Fachzeitschriften wie *Yacht*,
Palstek, *Segeln*, *Stander* etc.

Osmose-Sanierungen

Fachberatung erfolgt über:

International Farbenwerke GmbH
Postfach 800449
21004 Hamburg
(Kostenfreies Infotelefon: 0130-119893)

Kontaktadressen für klassische Holzyachten

Treffen und Regatten führt durch:

Freundeskreis
Klassische Yachten
Mühlenstr. 36
24143 Kiel

Ein spezieller Makler für klassische
Holzyachten ist:

Baum & König
Neuer Wall 34
20354 Hamburg

Yachtversicherung für gebrauchte und neue Yachten nach fester Taxe

Zum Beispiel:

Pantaenius
Fachmakler Yachtversicherungen
Cremon 32
20457 Hamburg